自由の丘に、小屋をつくる

川内有緒

新潮社

ある冬の日
暗い海の中を　わたしはひとりで泳いでいる
あまりに暗くて　ぼんやりとしかあたりが見えない
目指すのは　暗い海の底

水は温かく　全身に心地よい水の流れを感じる
もう海の底が近いのだろう
あたりは　限りなく黒に近い濃紺に包まれていた
底に着くと　白い砂地が広がっていて
一ヶ所だけ　スポットライトのように光が当たっていた

光の輪の中には　小さなイルカがいた
遊ぼう
イルカは　わたしに話しかけた

遊ぼう　遊ぼう
イルカは繰り返し　くるくるとわたしの周りを泳いだ
わたしたちは一緒に泳ぎ始めた——

目が覚めると、中目黒にあるマンションの一室だった。狭いけれど、窓が大きくて日当たりがいい部屋。もう朝で、夫のイオ君が隣で寝ていた。
まだ腕のあたりには、温かい水の感覚が生々しく残っている。

なんか妙な夢を見たよ。
へー、どんな夢？
内容を話すと、イオ君は言った。

それって、もしかして、ナナなんじゃない？

ナナというのは、まだ見ぬ子どものニックネームだ。結婚して六年。わたしは四一歳で、イオ君は三四歳。子どもはいない。
なるほど、そういう解釈もあるのかなと思った。微妙な気分だった。夢は願望の現れだと言ったのはフロイトだろうか。とにかく、これは自分の願いや焦りが生み出したものに違いない。本来わたしはスピリチュアルなほうではなく、手相も運命も、神社のお守りすらもあまり信じていない。むしろ科学と医療の力を駆使して二年ほど不妊治療中だった。

こんな夢まで見ちゃうなんて、そろそろ自分の体と折り合いをつける時期なのかな。

わたしは、しばらく温かい海の感触を楽しんだ。

数日後、クリニックに行くと、妊娠していた。


とんでもなく嬉しいニュースなはずなのに、妊娠ライフの始まりは、一〇〇パーセントハッピーという気分からはほど遠かった。なにしろ妊娠がわかった当日には、いくつかの理由から、流産する可能性をやんわりと示唆された。嬉しいこともそうではないこともぐちゃぐちゃに入り混じる日々がはじまる。とにかくわたしたちは、まだ小さな点滅のような存在を、引き続きナナと呼んだ。

それから、ナナも自分の体もメンタルも周囲の状況も恐るべきスピードで変化し続け、「週数よりだいぶ小さいですね」と言われただけでも、この子は生まれてこられないのかもしれないというネガティブな思考に囚われた。逆にイオ君は常にあっけらかんとポジティブで、「ナナ、ゆっくり、ゆっくり大きくなればいいんだからねー。なーんにも心配することないからねー」と毎日お腹のなかに向かって声をかけた。

わたしはときおり、あのイルカのことを思った。

遊ぼう、遊ぼう。
イルカはもう二度と夢にはでてこなかった。

秋が深まったころ、予定日より一週間遅れて破水した。いよいよ生まれるんだ、と思いきや、二日間も中途半端な強さの陣痛が続き、「赤ちゃんが生まれてくる気配がないですね」と看護師さんに言われると、最後になにか恐ろしいことが起こるのでは……という巨大な不安にかられた。

遊ぼう、遊ぼう、絶対に遊ぼうね。

わたしはお腹に向かって、語りかけた。
そして、迎えた三日目の朝。「赤ちゃんの心拍が弱まっています」という看護師さんの声で帝王切開が行われ、娘は、半ば強制的にこの世にデビューした。

まだ起き上がることができないわたしの傍らに、看護師さんがそっと娘を寄り添わせた。その子は、ぐっすりと眠っていた。
赤みがかった肌。小さな爪がついた小さな手。ふんわりとした生え揃わない髪。生まれてきてくれて良かった。考えていたことは、それだけだった。

娘は急に顔をくしゃっと歪めて、かよわい声で泣き始めた。

その瞬間、娘はイルカでも夢でもなく、現実そのものになった。

なんてこった！　ひゃあああああ、本当に生まれてきたのか！


――わたしはちゃんとこの子を育てていけるのだろうか。


それまで、生まれてくる瞬間のことばかり思い、その後のことはほとんど考えていなかった。いま、どうしたらいいい？　看護師さんが、「おっぱいを吸わせてあげましょう」と言い、赤ちゃんの口にそっとわたしの乳首を含ませた。その子は目をつむったまま、ゆっくりと力強く吸い始めた。

ああ、良かった、飲み方を知ってるんだ。

根がずぼらで、自分のことだけを考えて生きてきた。赤ちゃんの世話の仕方も遊び方も知らないし、仕事と家事のどちらかを選べと言われたら躊躇なく仕事を選ぶような人間である。いいお母さんになれる自信はひとかけらもなかった。

どうしよう、どうしよう。

ああ、でも、とにかく一生懸命やるしかない。

どちらにせよ、今日からずっと一緒にいるんだから。

ナナを抱いたイオ君は、目に涙を浮かべて宣言した。

「俺の今後の一〇年をこの子に捧げる」

え、うそでしょ、ほんとに？

わたしは急にはっと冷静になった。

信じられなかった。

二三歳からフリーライターをしてきた彼は、いつも仕事と旅と飲み歩くことで忙しく、たとえ子どもが生まれてもそのライフスタイルは変わらないだろうと思ったのだ。


あの瞬間に、俺は変わったんだよ。

振り返って彼は言う。


そうかもしれない。イオ君は確かに変わった。

そしてわたしも変わった。

日常生活も仕事も考え方も人生も。

自分自身の在り方も、部屋から見える景色も。


これは、ナナとイオ君とわたし、そして一軒の小屋の物語である。

自由の丘に、小屋をつくる

目次

装画・挿画　得地直美

自由の丘に、小屋をつくる

第1章 それはずっと一緒にいられない娘のために

イオ君は「俺の一〇年をこの子に捧げる」宣言を着実に実践した。飲み会に行くことはなくなり、夜半にナナがふにゃふにゃと泣き始めるとガバッと飛び起きた。週末にはベビーカーを押して公園に行き、日向ぼっこをさせ、家に戻ると適温のミルクを用意した。彼は生来、酷寒の日に半袖で出かけて風邪をひいて帰ってくるような人間だが、ことナナの世話に関しては、小さな赤いポツポツを見つけた瞬間に薬を取りに走るような丁寧で繊細な男だった。なんとこんなに子育てに向いている人だったのか、とわたしは日々是驚愕。さなぎから蝶に変わるようにメタモルフォーゼしたのかと思ったが、繊細さを発揮できるのは、ナナに関連することに限定されているようだった。

平日の昼間の子育てと家事はわたしが担当だ。社会のリズムなどおかまいなしに、いまや赤ちゃんとともに寝て赤ちゃんとともに起きる生活である。授乳をして、着替えさせる。ナナを抱いて公園に行き、家に帰るとお昼寝をさせる。ナナからはいつも甘酸っぱい良い香りがした。

一見すると平穏な時間なのだが、ゲップをさせ忘れただけで命が脅かされるかもしれない赤ちゃんとの生活というのは、実はなかなかの緊張感がある。気が休まるのは、家にいてナナがスヤスヤと昼寝をしているときくらいだ。さらに家事の量が以前の五倍くらいになった。服についたシミをこすり、洗濯機を回して大量の服を干し、大量のオムツを捨て、買い物をして、掃除機をかけ、洗濯物を取り込み、夕飯を作って食べる。それらをナナが寝ている間、もしくは機嫌よく過ごしているときにしないといけないのだ。

なんとまあ忙しいことか。

娘が生まれるまで、家事は仕事の合間に行う息抜き的な活動だったが、いまや無数の細々したタスクがざぶーん、ざぶーんと寄せては返す波のよう。波間で溺れそうだ。

一方、ナナはまいにち驚くべき変化を遂げていた。この間まで視点が定まっていなかったのに、わたしを見ると、にこっと笑いかけてくれる。「すごいねえ！　すごいねえ！」とわたしたちは大いに感動した。

あまり話し相手もいない静かな生活の中で、わたしはなんでもかんでもナナに話しかけた。自分が感じていること、今日やりたいこと。電車の中だろうとスーパーの中だろうとおかまいなしに。

「今日は行ったことのない公園に行こうか。それともおばあちゃんちに行くのもいいかもね。おばあちゃんが、ナナのために服を作ってくれたって」

そんなときナナは、あーあーとかむにゃむにゃとか言葉の原型のようなものを発した。なかなかの聞き上手のようだ。


ずっと一緒にいよう。ずっと、ずっと。


当たり前にそう思っていたのだが、現実には「ずっと」は続かなかった。

ある日、子育てしながらばりばり働く先輩ライターが言った。

「フリーランスの夫婦には子供が〇歳のときしか保育園に入れるチャンスはない。最悪、四歳まで待つ覚悟がないなら、いまこそ全速力で保活に向かって直進あるのみ！」

ほえー、なるほど、そういうものなんですねえ。

ということで、ナナが生まれてたった一ヶ月半後、保育園への入園を申しこみ、競争社会へ復帰することを決意した。

無事に区立保育園への入園を許可する通知が届いた夜、わたしはメソメソと泣いた。あれだけ、家事も育児も大変だとか言っていたわりに、ナナと離れた時間を想像するだけで猛烈に寂しかった。そこで、保活成功の祝杯をあげるかわりに、勤め人時代の一〇歳年下の後輩に電話をかけた。彼女も子どもを保育園に預けて仕事に復帰したばかりなので、「寂しいよねえ、一緒に泣こう、うわあんん！」とお互いの傷を舐め合おうと思ったのだが、逆に「なにセンチなことを言ってるんですか！　世の女性たちは保活がうまくいかなくて仕事が続けられず泣いてるんですよっ！　その人たちの分までしっかり働いてくださいっ！」とお叱りを受ける結果になった。はいっ、すみません……。

その保育園は、高いビルの谷間にあり、日の当たらない狭い園庭と年季の入った建物がわたしのイメージとは違っていたけど、先生たちはプロフェッショナルで、不満はなかった。

最初の一週間は保育園に娘を送りに行った帰りにまたたくよくよと泣いていた。そんな自分が自分でも気持ち悪かった。わたしは自他共に認めるドライな女で、恋人にも友だちにもベタベタするのが苦手だった……はずである。その分、多くの人と付き合える間口の広さだけはあり、年齢、国籍、人種、職業、趣味、性的指向問わずいろんな友人がいた。ずっと自分自身のために時間とお金を使い、友人と遊び回り、いつでも思い立ったときに旅に出たり、そこら辺で知り合った人と酔い潰れるという生き方しか知らなかった。そんなわたしだから、ナナが生まれるまで、特定の誰かに愛を注げるのか、そもそもそれだけの愛情の泉が自分のなかにあるのかすらも、わからないでいた。

しかし、娘が人生に登場して以来、何かが不可逆的に変わった。時間とお金のほとんどを娘のために使い、これまで誰にも感じたことのない激烈な愛情を覚えていた。ナナ、大好きだよー、生まれてきてくれてありがとおおお！　と飽きずに話しかけた。そんなベタついたスライムみたいな愛情剝き出しのわたしをよそに、ナナのほうはあっさり新生活に順応した。保育園に着くなり笑顔で保育士さんたちのところに高速でハイハイしていく。そして、一〇ヶ月になる頃には「バイバイ」という言葉まで覚え、手を振ってくれた。

ああ、娘は〇歳にしてもう個人としての社会生活を始めているんだなあ。

今日も元気でね……とわたしも手を振って家路に就く。

ナナがいなくなった部屋は静かで落ち着きがあり、心の平穏を取り戻して仕事に集中できた。これはこれでほっとする。人間とはかくも複雑に入り組んだ感情を持つ生き物なのだと身をもって知った。

*

ナナを保育園に送ったあと、わたしとイオ君はよく近所のドトールでコーヒーを飲んだ。共働きの我々にとっては、貴重なコミュニケーションタイムでもある。

その日わたしは、イオ君に提案したいことがあった。

「ねえねえ、自分たちで小屋を作るってどう思う？」

「え、小屋？　今度は田舎に引っ越したくなったの？」

彼はカフェラテを飲みながら首をかしげた。

わたしは以前から「そのうち家族でアラスカに行こう」など、思いつきで物事を提案してきた。それに対して彼はわりときちんと話を聞いてくれた。

「そうじゃないの」と答えた。


——自分たちで小屋を建てたい。


理由は、分かりやすいものと、分かりにくいものの両方があったので、まずは分かりやすいものから。

「だって、ナナには田舎がないんだよ。自然の風景も田舎の生活も知らないで育つなんて、ちょっとかわいそうじゃない？」

「そりゃ、そうだ、俺も小さい頃は北海道のおばあちゃんちに行って楽しかったな」

「でしょう。わたしも福井のおばあちゃんちに毎年泳ぎに行ってた。いとこたちと遊ぶのも楽しかった。でもナナにはそういう場所がいまのところないでしょう」

わたしの母は渋谷区の繁華街に、イオ君の両親は千葉の住宅街に住んでいる。そして、わたしたち家族が住んでいるのは目黒駅近くにある築四〇年の賃貸マンションである。メインの遊び場は、謎の白い泡が浮かんだ川に沿った緑道か、小さな児童公園だった。

一歳になったナナは早くも言葉を操るようになり、「あっち、しゃんぽ」、「ママ、ちちご

（イチゴ）」、「あんよ、かゆい」などと自分の意思を伝えてくる。行きたい方向に一歩ずつ歩みを進め、食べたいものを手摑みで食べた。彼女はすでに赤ちゃんではなく、ひとりの人として周囲にある全てを吸収しようとしていた。このまま都会のど真ん中だけしか知らずに育っていって良いのだろうか？

「あれ、でもさあ、キャンピングカーで地方を巡るんじゃなかったっけ？」

イオ君は首をかしげた。そういや、そうだった。

「あー、それね。やめた」

妊娠中は、「キャンピングカーを買って日本中をめぐりながらノマドライフしたい」などと言っていた。

しかし、二四時間フルサポートが必要な小さな生き物と一緒に生活をしてみると、狭いキャンピングカーで移動し続けるなんて無理がある。ああ、あの頃のわたしは子育てについてなにひとつわかってなかった。キャンピングカー、やめやめ！

それよりも、思ったのだ。旅という断片的な風景ではなく、いつまでもぶれることのない原風景——体の中心にどんと据えられた柱のようなもの——が、まずは必要なんじゃないだろうか。ふと思い出すだけで濃い自然の香りとそよ風を感じて、気分が良くなるような心の風景。わたしにとってそれは、父の実家があった福井の海辺の集落であった。もう行くことがほとんどなくても、あの海の風景を思うだけで、いまも穏やかな気持ちになる。

別荘を買うのではダメなのかと聞かれたら、それはダメだった。あくまでも「自分たちで作る」という部分もまた重要なポイントだった。

「あのね、机がきっかけなんだよ」とわたしは言った。

こちらが、わかりにくい方の理由である。


話は少し前に遡る。

この頃のナナは、高さ一〇センチくらいのミニサイズの椅子に座ってご飯を食べたり、絵っぽいものを描いたりするようになっていた。そろそろ娘用の机を買わなければと思った。即座に「子ども用　机」とネット検索を始めると、画面にはたくさんの机がずらっと並んだ。

木のぬくもり、いいかも。

高さ調整はできた方がいいよね。

引き出しはなくてもいいか。

何度目かのクリックのとき、ふっとひとつの考えがよぎった。

そうだ、自分で作るってどうだろう？　板と足を組み合わせるだけだから、そんなに難しくないのかも。しかし、次の瞬間にはこう考えた。え、マジで作る？　いや、むり、むり。簡単そうとはいえ、具体的な作り方は想像すらつかないし。

わたしは自分でも信じられないくらい手先が不器用で、洗濯物を畳むことすら苦手だった。

中学校の家庭科は堂々たる「一」で、エプロンでもパジャマでもわたしが作ると、シャキッとしないものができあがった。手を抜いていたならまだしも、一生懸命やっても「一」なんだから絶望的である。こんな人間なので、これまで何か欲しいときには「買う」以外の選択肢はなかった。

再びパソコンの画面に目を移した。画面には夥しい数の机の画像が並んでいた。まあ長く使うわけでもないし、なんでもいいか。

いや、本当になんでもいいのだろうか？

実は、もう何年も前から、自分の暮らしに対して漠然とした不安を覚えていた。たくさんの物に囲まれ、それらを買うために懸命に働く、そんな暮らしである。

一九七二年生まれのわたしが子どもから大人になったのは、大量消費が日本全国で礼賛された八〇年代から九〇年代で、その仕上げのように二〇代の六年間をアメリカという大量消費の総本山で過ごした。アメリカでは週末になると、フライドポテト専用の揚げ機やチェス盤に早変わりするテーブルなど、人生で五回くらいしか使わないものを買い求める人々でショッピングモールは混雑していた。懸命に働き、何かを買い求め、不必要な物をガレージに溜め込む。それが幸せへの近道だとばかりに。

そんな価値観に強烈な待ったをかけたのが、東日本大震災だった。

あのとき、自分の無力さをはっきりと自覚した。わたしは何も生み出すことができず、消費者としての生き方しかしらない。服も縫えないし、トマトの育て方も知らないし、テントすら張れない。大学院まで出て海外で仕事をしてきたわりに、何か大切な能力を身につけないままに生きてきてしまったのではないかと思うと心底怖くなった。

ナナは、どんな生き方をするのだろう。目の前でニコニコしながら指をしゃぶる小さな子。まだ大きくなった姿なんてまったく想像がつかないけれど、ああ、なにはともあれ、幸せになってほしい、もう絶対的になってほしい。そう強く願えば願うほど、最初は小さな点にすぎなかった「暮らしの不安」というシミは、大きく、黒く広がっていった。

そんな事を考えながらも、わたしはまた別の机の画像をクリックした。

まったく子育てって、本当にいろいろなものが必要でうんざりするなあ。やっぱりメルカリで買った方がいいのかも……。別の机の画像をクリック。

テレビでは、毎日のように不穏なニュースが流れている。集団的自衛権の行使容認、景気後退、テロ、相次ぐ地震、漂流するプラスチックゴミ、温暖化、そして収束を見せない福島第一原発事故の放射能問題。

わたしたちは、どうやって彼女を守り、なにを彼女に授けてあげられるだろう？　どうすれば彼女はこの時代を生き抜いて、幸せになれるのだろう。机が映った画面をスクロールする手はいつの間にか止まっていた。

やっぱり机を作ろう。

奇妙な論理の飛躍なのはわかっている。しかし、わたしがいま望むのは、「ものを買う」以外の選択肢を持つことだ。わたしが娘にしてあげられるのは、そういう種類のことのような気がした。別に「丁寧な暮らしを」という話でもなかった。ただ、わたしたちは自分で何かを生み出すことができると信じたかった。

いいじゃん、不器用上等だ。やってみようじゃないか。作り方がわからなければ、習えばいい。

わたしは机を作る。

そう想像するだけで、ずっと気になっている人に会いに行くようなときめきがあった。机の後は椅子やベンチも作ってみたい。妄想はどんどん飛躍していき、その数分後には、そうだ、いつかは小屋を作ろうと思いついた。

もし、この不器用で面倒くさがりのわたしが「小さな家」という暮らしの基盤を手作りすることができたなら、どこかに置き忘れてきた生活の知恵と技術を学ぶことができるかもしれない。完成の暁には、娘はやればなんでもできるという精神になってくれるかもしれない。それは、この困難な時代に、生きる力として彼女に寄り添ってくれる気がした。

すべては「かもしれない」に過ぎないが、その考えは突如としてわたしをとらえて離さなくなった。

「……というわけで、セルフビルド、つまりは自分たちで小屋が作りたいの」と長い話を締めくくった。わたしのカフェラテのカップは空っぽになっていた。

なるほどー、とイオ君は頷いて即座に答えた。

「それ、いいね！　楽しそうだ。やろうよ！」

第2章 世界でたったひとつの机が生まれた

東京メトロの早稲田駅に降り立った。

駅を出て住宅街を三分ほど歩くと、青いトタン屋根の建物が見えてきた。街の中に埋もれ、風雨でくたびれた戸建て。看板はないけれど、ここに違いない。入り口の引き戸は建てつけが悪く、なかなか開かない。ええいと力任せに引き戸を引っ張ると、なかから男の人が出てきた。

「すいません、開けづらいですよね。いずれ直そうと思ってるんですよ」

その男性は、ひょっこりと森の中から抜け出してきたような雰囲気の人だった。目をくりくりさせて、「ミナトです」と自己紹介した。

中に入ると、床には杉の無垢(むく)材が張られ、木の香りが漂い、柔らかい光が満ちていた。土間から一段あがったところが作業場で、広さは二〇畳ほど。三人の男女が家具らしき物を作っていた。

「印刷工場だった場所を自分たちで改装しました」とミナトさんは説明した。部屋のあちこちには、電動工具やペンキやネジ、ノコギリなどが雑然と置かれ、モノづくりをする場所特有の清冽な空気が流れている。わたしは、すぐにここが好きになった。

机を作ろうと思いついたあの日、ショッピングサイトを回避する代わりに「D.I.Y.（Do It Yourself）」「教室」と検索すると、良さそうなサイトがヒットした。

そこは木工や家具作りを学びたい人の教室兼工房でその名も「DIYがっこう」だ。運営母体は岩手県陸前高田市に本社を置く会社（当時）で、コンセプトは「ともにつくるを楽しもう」。決められたカリキュラムはなく、自分が望むものを作るために、工具を好きなだけ使え、本職の家具職人である先生たちのアドバイスを受けられるという仕組みだ。なんとも自分にぴったりな場所じゃないか、とさっそく早稲田までやってきたというわけである。

「何か作りたいものはありますか」とミナトさんが聞いた。

「はい！　娘のために机を作りたいです」

「なるほど、じゃあ、まずは設計図を描きましょう」というミナトさんの言葉ではっとした。

設計図って、小さな机を作るだけなのに？

作りながら考えればいいんじゃないの？

そんな心の声を見透かしたかのように「この段階で正確な設計図を描いておくことが大事なんですよ、これどうぞ」と彼は方眼紙と見慣れぬ三角柱の形をした定規を手渡してくれた。定規には1/20や1/50など様々な縮尺が細かな文字で書かれていた。それは三角スケールと呼ばれるものだった。

じっと方眼紙を見つめるうちに、そりゃあ、設計図は必要だわ、と納得した。天板の大きさはどうするのか、高さはどれくらいか。そういったことが決まらない限り、木材を切ることもできない。よし、頭の中のイメージをまず紙の上で具体化しよう。

娘は身長が七二センチだから、机の高さは……ええと、三〇センチくらい？　いや、すぐに大きくなることを想定して三五センチ？　天板の厚みはどれくらい？

五分ほどで頭の奥がもわっとした。一〇分すると痺れてきた。一五分すると首まで痺れてきた。長年眠っていた脳の細胞が呼び起こされてびっくりしているようだ。

普段のわたしは、一日の大半をパソコンに向き合い、原稿の構成や言葉の選び方などについて考えたり悩んだりしながら過ごしている。しかし、今やそんな経験や知識は冬場の扇風機のごとくなにひとつ役に立たなかった。それよりも、いかにして木材を立体的に組み合わせるのか、そして完成した物は果たして使い勝手が良いのか。それらを脳内でシミュレーションしなければならない。

いやはや、難しい。

まずは、その場にあった台や椅子を測定し、サイズ感の参考にした。周囲では「あ、そこはビスが干渉し合わないようにスミツケしてから」「そこ、サシガネで角度を確認してみて」などという外国語のような言葉が飛び交っている。意味はわからないが、楽しそうだ。わたしも早く仲間に入りたい。

誰かが木材を切るたびに、おがくずが舞い上がり、木の香りが部屋中に漂った。

自分はまだ何もしていないけれど、正しい場所にいると思えた。

不格好な設計図が完成すると、ミナトさんは「ここに幕板（まくいた）を張って、さらに隅木（すみき）を入れて強度をあげましょう」とアドバイスをくれた。隅木というのは、コタツの内側の角に付いているあの台形の部品のことだ。ずっと、なんでついてるんだろ、という謎アイテムだったが、初めて意味がわかり、世界の秘密を発見したかのようだった。

設計が終わると、工具の基本的な使い方を習う。

「インパクトドライバーとか、使ったことがありますか？」

「いや、まったく」

まずは木を切るところからスタート。スライドソーと呼ばれる機械に角材をセットする。大きな円形の刃がグルグルと高速回転し、その力で木材を切断するものだ。

「キックバック（跳ね返り）に気をつけてください。万が一キックバックが起こっても、体が刃からずれた位置にあれば安全です」

木材をセットし、スイッチを入れ、慎重に刃をおろす。ガガッという音とともにスパンと木材が真っ二つに切断された。断面はとてもきれいだ。

次は木材同士をつなぎ合わせるために、インパクトドライバーでビス（小ねじ）を打ち込む練習をする。簡単そうに見えたのだが、それはただの印象にすぎず、わたしがビスを打ち込もうとすると同時に、ぎゅん！　という鋭い金属音とともにビスは高速回転し、遠くに飛んでいった。どうやらドライバーのスイッチを強く押しすぎているようだ。危ない、危ない。

何度か繰り返すうちに力加減がわかり、なんとかビスを打ち込めるようになった。しかし今度はかなりの確率で曲がって入ってしまう。インパクトドライバーの回転を逆にして、ビスを取り出し、やり直す。そうするうちに、どんどん不必要な穴が増加していって見た目は激しくイマイチになった。

「どうも曲がって打ってしまう癖があるみたいですね」とミナトさんはおっとりとした口調で言う。

まったくどうしてわたしは母の才能を受け継がなかったんだろう。七二歳の母ときたら、料理はプロ並みな上に、洋服やカーテンに味噌や漬物、ハーブに花壇となんでもかんでも自分で作ってしまう。それに比べわたしはただコップをテーブルに置こうとしただけで盛大にこぼしてしまう人間だった。若い頃から母にはいつも「喫茶店ではバイトしないほうがいい」と言われていた。

不器用なことは幼い頃からのコンプレックスだったが、四三歳でも克服できるだろうか？

家に帰ったわたしは、夕飯を食べながらイオ君に今日のできごとを報告し、「しばらく通ってみようと思う」と話した。
「いいじゃん、良さそうなところだね！」と彼は答えた。

＊

わたしとイオ君が出会ったのは二〇〇六年のことである。当時わたしは国連職員としてパリで働いていた。そこに、世界一周旅行中のイオ君がサッカーの試合を見るためにパリに寄ることになり、しばしの時間を一緒に過ごすうちに仲良くなった。わたしが三四歳、イオ君が二七歳のときのことだ。その後イオ君はバルセロナを拠点にサッカーライターをするようになり、二年後に結婚した。結婚後もそれぞれの仕事を続け、お互いにパリとバルセロナを行ったりきたりする日々が続いた。

日本に戻ってきたのは二〇一〇年。国連を辞めたわたしが最初に帰国し、そのあとでイオ君も帰国、初めて一緒に暮らし始めた。新居は中目黒の小さなマンションである。仕事に関してはふたりともゼロからの再スタートで、先行きは不安だったが、イオ君はすぐにサッカー雑誌の編集の仕事を見つけることができた。

わたしは再び就職活動をする気がおきず、自分がやりたいことだけをやっていきたいという三八歳にしては青臭い願望を抱いていた。やりたいこと、それはすなわち「書く」ということだ。別に「作家」になりたいわけではなかった。ただ自分が気になるものについて書いて生きていきたい。実に甘っちょろい考えである。大胆に仕事を辞めたわりに、青写真計画も仕事の当ても人脈もなかった。

その後イオ君は編集の仕事を辞めてフリーライターになったが、それが合っていたようでマンションの家賃を払いながら日々友人と飲みに行けるほどの稼ぎがあった。

わたしのほうは微妙だった。二冊の本を出版することはできたが、得られた収入は「趣味よりマシ」程度で、実際は友人や知人が振ってくれた雑多な仕事をすることで生計を立てていた。夫婦のお財布は常に独立していて、お互いが出せるものを出し合うスタイルである。そもそも経済的にイオ君に頼る、という考えはなかったので、日々の生活はもとより、不妊治療にかかる費用も自分で捻出し、国連職員時代の貯金を確実にかつ急速に食い潰した。

かような状況にもかかわらず、わたしは、妊娠・出産を機にそれまでの雑多な仕事を整理し、書くことに一本化することを決意した。仕事に使える時間が少なくなるのならば、やりたいことに集中するしかないと思ったのだ。現実的には、だからといって書く仕事が増えるわけでもなく、不安定だった生活にドライブがかかっただけだった。幸運なことに、妊娠する前に出版した『バウルを探して』という本が奇跡的に文学賞を受賞し、一〇〇万円が授与され、窮地から救われた。これは、気持ちの上でも大きな支えとなり、ああ、このまま自分の好きなテーマでものを書いていっても良いのかもしれないと思うと、トンネルの先に灯りが見えたような気持ちになった。

とはいえ、『バウルを探して』は商業的にはまったく売れなかった。やっぱりこのままいけば、娘のために経済的にできることはあんまりないんだろうな、ごめんよー、と思う日々である。

　だからこそ、母は机を作るのです。

＊

　わたしは工房に通いつづけた。一本のビスを打ち込むたびに、なんでもない板切れが別のものに変身していく。まるで新しい魔法を手にした気分だ。

　一ヶ月ほど経つと、まっすぐビスを打ち込むことも簡単になった。そして何枚かの板にすぎなかった物体は、本当に机になった。

　最後の工程として、紙ヤスリで天板を磨く。娘の柔らかな手を思うと、できるだけ滑らかにしてあげたい。紙ヤスリを滑らせるたびに凹凸が取れていく。仕上げとして天板に天然塗料を塗り、四本の足をターコイズブルーに塗装すると、カントリー風のかわいらしい机が出現した。

　幸せだった。これは、知らない誰かによって不特定多数のためにデザインされ、工場で組み立てられたものではない。わたし自身が、娘のために考え抜いて、自分の手で作ったものだ。身体の奥底にそれまで知らなかった種類の喜びが満ち溢れた。

娘はその机を一目見るなり、「わたしのものだ！」と見抜いたようだ。「ママ、カキカキ！　カキカキ！」と繰り返す。紙と数本のクレヨンを出すと、娘はその小さな手で紙をパーンとはらいのけ、嬉々として机に直接クレヨンを走らせ始めた。ぎゃ！　と叫んだものの、まあ、いいかと思いなおした。いざとなればペンキを塗り直すこともできる。幼子よ、さあ煮るなり焼くなり好きにしなさい。夢中になったナナは、カラフルな線で天板を埋め尽くした。机の方も、パートナーと出会えて喜んでいる気がした。この瞬間、机には魂らしきものが吹き込まれ、娘が「歌って」と頼んだら、ららら〜と歌ってくれそうな感じすらした。大きさは、娘にぴったりだった。

たかが机、されど机。

「買う」から「作る」へのコペルニクス的転回であった。

第3章

ハイジの小屋と新しい風景

当然のことだが、わたしは机を作り続けていただけではなかった。人間ひとりを育てていくには、やるべきことは無数にある。しかも、娘の成長とともに「やること」リストは毎日アップデートされるのだ。

わたしとイオ君はそれなりにうまいこと協力して仕事と子育てを行っていた。それにしても腹立たしいのは、周囲の人がみんな会うなり「いいパパだよね」「イクメンだね」などと二言目にはイオ君を褒め称えることだった。もちろんそれには同意する。ただ彼がやっていることをわたしも同じかそれ以上にやっていたけれど、「有緒さんはいいママだね」という人は誰ひとりいなかった。本当に誰ひとり——。

ちぇっ、世の中で、父親は常に加点方式で、母親だけが減点方式なのか。ママというものは常に「いいママ」でいることが当たり前らしい。こんな理不尽な仕打ちを世のお母さんたちは強いられていたのかと初めて実感した。わたしだって華々しい賛辞を求めているわけではないけど、誰か、誰でもいいからわたしの日々の努力も認めてよ、と思うときもあった。

そんなモヤモヤを抱きながら、わたしはますます「働くママ」に向かって邁進した。

この頃、コラムや書評といった細々とした仕事も増えていた。中断していた書籍の執筆も再開し、『晴れたら空に骨まいて』という本の原稿を仕上げた。一文字ずつ地道に文章を書くことで生活は成り立っていて、原稿料が振り込まれると食料や日用品を買った。毎日執筆と家事、子育ての間をぐるぐると全力ダッシュし、いっぱいいっぱいだった。

早稲田のD.I.Y.の工房には週一回のペースで通い続けた。何度も似たような動作を繰り返すうち、体はその動きに馴染んでくる。ヨガ教室に行っていれば筋肉や関節が柔らかくなるように、わたしの体はD.I.Y.に順応していった。

建てつけの悪い引き戸をあけると、作業場ではたいてい二、三人が何かを作っている。それぞれの作業に没頭し、心地のよい沈黙が空間を満たしている。三段重ねの凝った形状のゴミ箱を作る女性もいれば、カンナやノミなどの刃物の研ぎかたをマスターしたいといって毎回ずっと刃物を研いでいる男性もいた。たくさん話をするわけではないけれど、家具の作り方やデザインについてアドバイスをしあうこともあった。

この工房の素晴らしいところは、誰も手取り足取り指導しようとしないことだ。ミナトさんのように技術的なアドバイスができる人は常駐しているのだが、いわゆる「先生」のように振る舞ったりせず、温かな眼差しで見守るばかり。おかげで、こちらは試行錯誤を繰り返し、寸法を間違え、使うビスを間違え、材料を取り違えた。

致命的なミスをしたあとは頭を抱えるが、次はどうやったらもっとうまくやれるのかを真剣に考える。大人になって、こんなに真面目に、そして誰にも強制されずに何かを学ぼうとしたことがあっただろうか。そして、ついに答えがわからないときは、教えを乞う。まさにD.I.Y.スピリットに即したこの工房のあり方には感心させられた。

週に三時間、子育てとも仕事ともまったく関係のない時間を持つ。それは母と妻と物書きという役割の間をせわしなく行き来する自分という楽器を、本来の音に向かってチューニングするようだった。その瞬間、わたしは誰でもない。日常に向かって開かれた扉をパタンと閉じ、インパクトドライバーを手にとって、木材と向かい合う。指に力を入れて、ビットをまわす。最初はゆっくりと、その後は少し力強く。

机のあとはロッカーを作った。扉がついた物を作る奥深さを知り、製作物の強度をあげるための技を覚え、使える工具の幅も広がった。その後も、ベンチ、テレビボードと立て続けに家具を作った。テレビボードは家に置く場所がなかったので、実家にプレゼントした。天板をヘリンボーン柄に仕上げた凝った家具で、母は「すごいじゃない！」と喜び、長年実家に鎮座していた黒くてダサいテレビボードを粗大ゴミに出した。たった一つの家具を変えただけなのに、部屋の雰囲気はがらりと明るくなった。

ひとつ何かが作れるようになるたびに、自由になるように感じた。己の力で何かを変えることができる。その実感の先に広がるのは、新しい風景だった。

＊

ナナが眠ったあとの夜の時間が、わたしにとってもイオ君にとっても束の間の休み時間である。二人とも友人と外に飲みにいくことが好きだったが、そんなことができる日がくるのはまだまだ先に思えた。わたしたちはソファに座ってお茶を飲みながら、まだ見ぬ小屋のことを妄想した。

「ねえ、小屋を建てるのは、どんな土地がいいの？」とイオ君が聞く。

「そうだねえ、やっぱり森の中がいいな。鬱蒼とした森じゃなくて、明るい林みたいな感じ」

頻繁に通うことを考えれば、東京から三時間以内で行ける場所がいい。自然に囲まれた環境はマストだが、山奥で道路もない場所だと資材を運ぶのも大変だから、多少は開けた場所がいいだろう。

「近くに温泉とおいしいパン屋さんがあると完璧だな」

わたしがひとつ条件を追加するたびに、イオ君はインターネットに向かう。そして千葉県の房総半島から長野県までいろいろな場所が候補にあがった。それでも範囲が広すぎて、どう探したら良いのかがわからず、ただ情報を持て余した。
とりあえず小屋の設計を進めることにした。

＊

「職業柄、たくさんの建築主に関わってきたけど、セルフビルドで建物を建てたいという人に出会うのは初めてですよ。面白いですねえ」

一級建築士の皆川拓ことタクちゃんは、そう言って、ビールを美味しそうに飲んだ。

彼はイオ君の友人で、ふたりは同じゴスペル合唱サークルのメンバーだった。南米とか南アジアにいそうな密度のある顔で、いわゆる国籍不明系。体型は小柄でスリム。動きが早送りのようにテキパキしていて、なにごとにも前向きで反射神経の良いタイプだ。スペインのバルセロナの建築事務所で働いた経験があり、今はメキシコのカンクンにメキシコ人の彼女がいるというので、リアルにグローバルな男である。

誤解のないようにいえば、タクちゃんに小屋の設計を依頼したわけではなかった。雑談をしているうちに、彼のほうから「面白そうだから関わりたい」という申し出があったのである。いやいや、セルフビルドだから大丈夫です、などとは微塵も思わず、いやあ、ありがたいよ、と答えた。家具を作ってみてヒシヒシと実感したことは、設計の重要性である。たとえ小さなものでも、「ま、こんな感じでいいか」と設計をおろそかにしてしまうと、見た目がイマイチなだけではなく、強度が甘かったり、使い勝手が悪かったりとよくない影響がモロに出た。

だから「プロのアドバイスをもらえるのは大歓迎！」と答えた。

ナナは、タクちゃんのことを「せんせえ！」と呼び、おままごとセットなど、あれやこれやとおもちゃを持ち出しては、「遊んで」アピールを繰り返した。一歳半にして遊んでくれる大人を瞬時に見分ける力がすごい。

イオ君は、パスタを一口ずつナナの口元に差し出していた。一歳を過ぎた頃からナナはあまりご飯を食べなくなり、食事タイムが始まると「わたしは世の中の他の全てが気になってしょうがないの！」という様子でハイハイして食卓から離れ、遊び始めてしまう。そうなると、わたしは、ま、いつかお腹が空けば食べるでしょうと、文字通り匙をなげるわけだが、イオ君は辛抱強く追いかけ「ほら、あーんして」と口の前にスプーンを差し出す。そこまでされるとナナは、ようやく一口だけ食べる。そして、またどこかに這っていき、イオ君が追いかけていく……ということが延々と繰り返された。えらい、やっぱりいいお父さんだよ、と思いながらわたしはビールを飲み、タクちゃんと話をしていた。

夜が更けてナナが寝てしまうと、心置きなくビールを飲み続けた。

まず決めないといけないのは、小屋の大きさである。

大きかったら「家」になってしまうので、サイズは一〇平米以下に決定する。要するに約六畳ほどだ。

「シンプルな感じでいいの。テントが木造になったみたいな」とわたしは言った。あまり複雑な設計にすると自分の技術力では作れなくなってしまう。

「シンプルなのはいいと思います。ただ、シンプルでも美しくないといけません！　まず有緒さんは、小屋でどんなことがしたいんですか」とタクちゃんが聞いた。おっと、それは的を射た質問だ。そう言われると、ただ「作りたい」という気持ちが爆走していて、そこでなにをしたいかまでは考えていなかった。

頭に浮かんできたのは、そよ風と木漏れ日だ。

「木陰に置かれたロッキング・チェアで本が読みたい。ハンモックもあるといいなあ」

そうわたしが言うと、イオ君がこう続けた。

「俺はブランコと滑り台が欲しい。あと屋根の上に上がって星が見たいな」

次に浮かんできたのは、美しい風景を切り取った窓辺だった。

「日当たりのいい窓辺で朝のコーヒーが飲みたい。あとはロフト。小さな窓があって、朝は窓を開けて、山を眺めるの」

特にこのロフトの窓は絶対になくてはならないものだった。

理由は『ハイジ』である。

ある日、ナナと一緒に『アルプスの少女ハイジ』のＤＶＤを見ていた。

孤児だったハイジは、あるとき叔母によってアルプスの山中に住んでいるおじいさんに預けられ、一緒に暮らし始める。おじいさんは口数が少ない人で、孤独な山の上の生活が合っているようにも見える。おじいさんと山の生活をすることで、ハイジは暮らしの知恵を覚え、潑剌とした少女に育っていく。しかし、再び叔母の勝手な思いつきにより、大都市・フランクフルトに連れていかれ、今度は車椅子生活を送るお嬢様・クララの遊び相手になった。都会の生活が合わないハイジはいつしか心の病になり——。

子どもの頃に見たのであらすじは覚えていたのだが、不思議なことに初めて見たように涙が止まらなかった。ハイジが厳しいロッテンマイヤーに正式名の「アーデルハイド」と威圧的な声で呼ばれては泣き、おじいさんと再会しては泣きと、全編通じて泣いて泣いて、泣き続けた。自分も親になったことで、新たな視点で『ハイジ』を発見し、感情移入するようになったのだろう。ハイジは親の庇護もないなかで、大人たちの事情によって人生を翻弄されていた。子どもは親を選べないとよく言うけど、それでもハイジは、たくましく懸命に生きていた。わたしはハイジの生きる力に素直に感動していた。

一歳児には『ハイジ』は複雑すぎたのかナナは途中で飽きてしまった。わたしはお構いなしに「泣ける、また泣けてきた」とティッシュに手を伸ばした。それを見たナナは笑い転げながら、「みて、ナナもなけてきた！　ママ、みてごらん〜」と言ってティッシュを目に当ててわたしの真似を始めた。

特に心を揺さぶられたのは、都会の生活になじめないハイジが、ある日クララの邸宅の奥で夕日に照らされた山の風景が描かれた絵画と出会う場面だ。それを見たハイジは「山が燃えてる……」と激しく嗚咽する。ついにハイジは心の病になり、おじいさんが待つ山に帰ることが許される。再び山小屋の屋根裏部屋で眠りについたハイジの傍には、小さな丸い窓があった。その場面を見たとき、ハイジが味わった辛さと開放感がわたしの胸のなかにどっと流れ込んできた。

あの窓は、山の自由な暮らしの象徴だった。

「あれだよ、あれ！　わたしも丸い形の窓が欲しい。いや、丸くなくてもいいや、四角でもいい。でも、誰がなんと言おうと、ロフトにつける小さな窓は譲れない」

そう熱弁をふるうわたしに対し、イオ君は、「おっ、そうなんだ!?　それがわかってよかったね」とどうでもよさそうに答えた。

＊

三角スケールを取り出し、方眼ノートを広げた。

設計か……。

いざ考えようとするとまったく案が浮かばない。

方眼紙が悪いのかも。そうだ、君が本格的すぎるんだ、と責任を転嫁したあと、普通の白い紙を取り出した。

どんな小屋がいいのだろう。頭の中でひとりブレストを繰り返す。

このとき思い出していたのは、パリの国連職員時代に出会った友人でアーティストの、ブルーノとエッツが作った小屋である。フランス人のブルーノは「キャバニスト」（小屋主義者）というユニークな肩書きで、フランスのあちこちに小屋を建てていた。

もともと彼は空き家を不法に占拠する〝スクワッター〟だった。フランスにはアーティストに占拠された建物がいくつもあり、アトリエとして利用されている。

一時期、ブルーノとその仲間たちはパリ市内にある大きな空き家を占拠していた。敷地内には広大な庭があり、ブルーノとエッツはそこに小屋を建てて自給自足的な生活を営んでいた。

都会のど真ん中にちょこんと佇むかわいい小屋を見たとき、なんだここは？　お伽話か？と目を疑った。そしてなかに入るなり、なんてよく考えられたスペースなんだろうと感心した。材料のほとんどは、廃材の「パレット」（荷物を運ぶときの木の台）。壁は藁と土を混ぜ、水でこねた土壁。

「熱や光の効率を考えて作ったんだよ。ほら、ラジオも聞けるよ」とブルーノは屋根の上でくるくると回る風力発電の機械を指差した。小さなダイニングキッチンには光が燦々と入り、地下の暖炉は外が寒い日でも温かい空気を家中に行きわたらせる。天井が低い寝室はゆっくり寝られるように薄暗い。

そんなふたりに出会い、そうか、人はこんな風に生きていいんだと思った。そうして、わたしは正式な美術教育も受けないまま渡仏し、アーティストになったエッツの人生について書き始め、最初の本『パリでメシを食う。』の出版に繋がった。エッツがわたしがものを書く原点になった人だとしたら、ブルーノはわたしが小屋を建てたいと思ったルーツかもしれない。

ハイジの小屋とブルーノの小屋。

場所も雰囲気も違うけれど、そのどちらも、自由なペースで自分らしく暮らすための場所だった。そうだ、やっぱり自分で設計し、自分で作ることには意味がある。

ふたつの小屋を念頭に、スケッチを繰り返した。次の土曜日にはタクちゃんに設計を見てもらうことになっていたので、急がなければならない。

約束した日の朝になっても、まだ設計はできていなかった。焦りながらも、まずはいつも通りに、ナナとイオ君と三人で近所の児童公園にでかける。その公園には、象の鼻を模した急角度の滑り台があることから「ぞうさん公園」とわたしたちは呼んでいた。しかし、誰かが「危ない」とでもクレームをつけたのか、象は突然に撤去され、低いステンレス製の滑り台にかわっていた。

「ぞうさん、いなくなっちゃった!」とナナも驚いていた。公園は以前よりも少しつまらなく見えた。

ナナとイオ君が砂場で遊んでいるすきに、ベンチでメモ帳を広げる。都会のなかの児童公園にいると、もっと広くて開けた場所に行きたいという思いばかりが募る。

頭をリセットし、素直に浮かんできたイメージ通りに手を動かす。

すると、三〇分ほどで一つのスケッチができあがった。

二つの箱を組み合わせたような珍妙なデザインで、ハイジの小屋とは似ても似つかなかったけれど、タクちゃんは「面白いじゃないですか、いいと思いますよ」と言ってくれた。

第４章

実家リノベーションは修練の場

肝心の土地探しは難航していた。

いや、難航とかいう以前に、ただウロウロしている間に一年が過ぎてしまった、というのが真実である。わたしは、四四年の人生を都会のマンションで過ごしてきたので、何をどうしたら小屋が建てられるような土地を見つけられるのか皆目見当がつかなかった。大海原に航海に出る以前に、港まで行く道が見つからない、という状況だ。

ナナは二歳になった。

特有のこだわりを見せはじめ、「イヤイヤ期」なる現象で有名なお年頃である。

ナナのこだわりのひとつは、保育園の帰り道、ドラッグストアの乗り物型カートに乗らないと家路につかない、というものだった。毎日、一目散に乗り物型カートに突進し「ママ、おして！」と叫ぶ。店内を何周もぐるぐるするとようやく満足。こちらも、なにも買わずに帰るのもつまらないので、普段は気にもとめないニッチなスキンケアグッズやお掃除アイテムに注目するようになり、それらをごっそりと貯蔵するはめになった。

その後の帰り道も細かなトラップがいろいろある。ダンゴムシたちの住処や急な階段、猫がいるかもしれない塀などをひとつずつクリアする。

「みてみてー」。ナナはわたしにいろんなことを教えてくれる。そのミクロな視点は新鮮で、お散歩をするのは楽しい時間だ。二歳の子どもにとって、街は未知と冒険にあふれている。ナナは世界のワンダーと神秘に全身で触れようとしていた。

そのひたむきさに胸を打たれつつも、永遠に散歩していることはできない。しばらくすると、さ、そろそろかえろう、とわたしは声をかける。そんなとき、ナナは見事にそれをガン無視した。自分の興味のレーダーだけは過度に敏感だが、親の言葉をキャッチするレーダーの感度は極めて低いようだ。まったく謎めいている。

ようやく家に帰ると七時近くになっていて、超特急で夕飯の準備をはじめる。ナナもわたしもお腹が空いているので、かけられる時間は二〇分くらいしかない。だから世の中には「時短レシピ」が溢れているのだ。しかも、イオ君は肉、ナナはうどんや納豆ご飯、わたしは野菜が好きと全員の好みがまったくバラバラときている。あー、今日の夕飯はどうしようと、毎日夕方になると献立が頭を占めるようになり、ときにはお昼ご飯を食べている間に夜の献立を考える始末だった。わたしはこのような家事中心のライフスタイルにいつまでも慣れずにいて、食事の時間が近づくと気が重かった。

イオ君は、食器洗いを担当していた。夕飯作りもたまには担当して欲しかったが、日頃から懸命に子育てをしてくれてる、と思うとなんだか言い出しづらい。あれからときが経ったいま振り返れば、料理も立派な家庭運営業務のひとつなのでなにも遠慮することはない、堂々と主張すればいいんだ！　と思うのだが、なぜかこの頃の自分はまだ「いい母親」とか「できるはずの自分」みたいな呪縛にとらわれていた。夕飯くらい作れなくてどうするんだ!?　できないのは敗北！　みたいに。

まあ、完全に言い訳じみているけれど、そんなわけで土地探しにかけるエネルギーや時間はほぼゼロ。小さな子どもを連れて遠くに行く準備には体力も気力も総動員せねばならず、想像しただけで疲れた。子育ては、自分の子とはいえ異なる他者とどっぷりと関わる分、コントロールできないことやままならないことの連続であり、やりたいと願うことと、本当にやれることとは別のことなのだと知った。

それでも、なにも行動しなかったわけではない。牧場をやっている知り合いの紹介で、房総半島にある広い土地を見にいった。眺めもよく値段もただ同然だった。高齢のオーナーは使わない土地をただ維持管理することにウンザリしている様子だ。先祖代々の土地だから売ることはできないけれど、貸すことに対しては非常に乗り気だった。ところが、そこはもともと農地で、法的には建物が建てられないことが発覚。また水捌けも悪かった。ここにきてようやく、宅地として開発されている土地を借りる方が圧倒的に簡単だということも学んだ。

＊

時間ばかりが過ぎていくなか、タクちゃんが急に言いだした。

「有緒さん、ご実家の床張りをやりませんか。僕も手伝うんで」

実家？　はて？

それは、東京の恵比寿にある母と妹が住むマンションのことだ。築四〇年、六八平米、3LDKのごく普通の古いマンションである。まだ若かった父が、母になんの相談もなく購入し、「おーい、引っ越すぞ」の一言でやってきたのがここだった。わたしも大学を卒業する二二歳まで住んでいた。

生涯このマンションをこよなく愛した父が亡くなったのは、わたしが三二歳のときだった。現役の会社経営者だった父のあまりに突然すぎる死。あとに残されたのはとんでもない額の借金である。父の死と巨額の借金とのダブルショックでわたしたちがぼやっとしている間にも抵当に入っていた自宅マンションの玄関には裁判所からの差し押さえの紙が貼られてしまった。ボロいマンションでも、都心にあるためか、それなりの資産価値があるらしい。

こうなったらしょうがない、さあ、涙を拭いて立ち退こう！　と引っ越しの準備をはじめる直前に、ぐぐっと事態が動いた。周囲の人の助力やアドバイスにより、実家を維持できる可能性が出てきたのだ。その解決策とは、要するに、母と妹とわたしの三人の力を合わせてもう一度そのマンションを購入するというもの。とても高い買い物だったけれど、おかげでいまも母と妹はそこに住んでいる。めでたし、めでたし。……とはいえ、購入するだけで精一杯で、リフォームまでは手が回らないでいた。

「タクちゃん、実家の床を張るって、それ、本気？」

「もちろん本気です！　僕も手伝うんでこの機会にやりましょう」

かつてはツヤツヤだった合板の床板はあちこち割れ、壁紙もぼろぼろ、サッシも傷んで、隙間風もひどい。特に床の傷みは激しく、前にタクちゃんと雑談していたときに「実家の床を張り替えたいけど、お金がない……」と漏らしたのを、覚えていてくれたらしい。

「でもさ、けっこう大規模な作業になるよね。わたしにできるかなあ」

「簡単じゃないと思います。だからこそやるべきだと思うんですよ。今後、有緒さんたちが自力で小屋を建てることを考えると、ああいった大掛かりな工事を体験しておくのはいい経験になると思うんです。資材の発注とか、工具の扱いとか、工事の段取りとか。きっと色々と勉強になりますよ！　ご実家もきれいになるし」

ふーむ、そういうことか。家具だけはコツコツと作ってきたものの、確かに小屋作りのノウハウは全くなかった。そこで、タクちゃんなりのトレーニングセッションを企画してくれているらしい。となれば、答えは当然「イエス！」である。

週末に実家に戻ったわたしは、母と妹のサチコに床張り計画について相談した。材料を買ってきて自分たちで張る。費用はわたし持ちだが果たしてうまく行くかはわからない。そんなことを話すと母は軽やかに「うん、いいんじゃない」と答えた。サチコは「えー！　すごい！　フローリング、変えたい」と歓びの反応を見せた。妹はこのマンションで生まれた後、四〇年間で一度も引っ越したことがない。文字通り、この家で生まれ育ったのだ。

わたしはメジャーで部屋のサイズを測り、手描きの図面を作った。タクちゃんからは、「部屋は必ずしも真四角とは限らない」とか「床材はロスを見込んで一割ほど多く発注しておくこと」とアドバイスがあった。せっかくだからリビングとつながる六畳間も張り直そうと思いついた。図面をもとに計算をすると、二部屋分で約三三平米、ぼんやりと思っていたよりもだいぶ広い。

いったい何日くらいでできるのだろう。

タクちゃんはニヤニヤしながら「けっこう時間はかかると思いますよー」と言う。そうだよね、わたしたち、ド素人だもんねえ。一方で、そんなに時間をかけることもできないという厳しい現実もあった。なにしろ母と妹はそこに住んでいるので、長期間にわたると日常生活に支障をきたしてしまう。だから、一回の週末、つまりは一日か二日で終わらせないといけない。人手があれば、時間を短縮できるだろうか？

「ＤＩＹがっこう」を運営する桑原憂貴さんにも相談してみた。彼は、数々のＤ.Ｉ.Ｙ.リフォームの現場をサポートした経験がある。さっと図面を眺めると、「そうですねえ、お手伝いしてくれる人の数が揃えば一日、長くても二日あればできると思います。僕たちも手伝いますよ！」と答えてくれた。

本当ですか！　ありがとうございます。ペコリ。

母、妹、ナナと三世代揃って床材を探しに出かけ、表参道のショールームを練り歩いた。そして高級床材を中心に扱うシックなショールームの隅で、在庫処分セールになっているオーク（楢）の美しい床材を見つけた。母も妹も気に入ったので即決。言われていた通り、少し多めの量を発注し、二五万円を払った。発注書には施工会社を書く欄があったものの、空欄のままにするしかない。係の女性に「ここも記入してください」と言われ、「すみません、自分たちで施工するので施工会社はないんです」と答えた。係の女性はあくまで平静を装っていたが、意味不明だったかもしれない。

イオ君は、「クリスマスプレゼントに」と、わたしが欲しがっていたマキタのインパクトドライバーをプレゼントしてくれた。初めてのマイ工具は、スイッチを押すと、ウイーン、ウイーンと気持ちよく音を立てた。

冬にしては麗らかな陽気の土曜日、朝早く家を出るわたしを見て、ナナがモソモソと起き出し、「ママ、おしごと？」と聞く。最近ぐんぐんと言葉を覚え、もう普通に会話が成立するので驚いてしまう。

「ううん、お仕事じゃないの。ええと、ドドドド！　ガガガガ！　だよ」

分かりやすいようで分かりにくい答えを聞き、ナナはキョトンとした。

「後でパパとおばあちゃんちにおいで。見たら分かるから！　いってきます！」


実家に到着すると、母と妹のサチコは着々と下準備を進めていた。家具はベランダに出され、エアコンや窓がビニールで覆われ、工事現場感がむんむんと漂っている。そこに桑原さんが「おはようございますー！」とさわやかに到着。何台ものインパクトドライバーや丸ノコ、金槌などの工具を運び込む。

「今日はお世話になります」

低く落ち着いた声が聞こえたので振り向くと、桑原さんの背後にがっちりと屈強そうな男性がいた。大工の丹羽芳徳さんで、我々素人集団の技術指導をしてくれることになっていた。髪を短く刈り込んでいて、ぱっと見は怖そうだが、とても優しい目をしている。

「大工さんなんですけど、ワークショップで教えることも好きな人で、かなりレアな存在です」と桑原さんが紹介する。

「人になにかを教えるって難しいですよね。自分でもいろんなワークショップに参加して教え方を研究しているんだけど、初めてなので説明が分かりにくいかもしれません。そのときはなんでも言って下さいね！」と丹羽さんは挨拶した。

続いて建築家のタクちゃんも到着。遅刻してきたと思ったら、「途中でお財布を忘れたことに気づきました！」とのこと。そして玄関に立ったまま「有緒さん、まずは土足許可を出して下さい！」と大きな声で言った。

えっ、土足⁉　と戸惑ったが、「釘とかを踏んでしまうと危ないので」との指摘に、それもそうだ、ここは〝現場〟なんだと気持ちを切り替えた。

「わかった、今から土足オッケーです！」とわたしが宣言すると、タクちゃんは「土足許可が出ました！」と嬉々として靴のまま中に入ってきた。昨日まで掃除機やワックスをかけていた場所なのに。複雑な気分である。

ちなみに今回は、既存の床をはがさずに、上から新たな床材を重ねて張るという施工方法を選んだ。床が底上げされてしまうものの、廃棄物も出ないし、素人には一番楽なやり方である。

一〇時を回ると、三人の助っ人が集まってきた。

一人目は、近所に住む編集者の女性（D.I.Y.初体験、参加動機は「面白そうだから」）。もう一人は、桑原さんの知り合いの女性（D.I.Y.ほぼ初体験、D.I.Y.での自宅の改修を希望）。三人目はわたしの大学時代の同級生の夫、沖村康治さん（愛称は「オッキー」）、銅像などを作る鋳造職人で、普段から工具を使いなれている。

こうして技術レベルも職業も激しくバラバラなチームを前にして、スクラムを組む代わりに、わたしは「四〇年間、家族で暮らしてきたマンションです。今日はみなさんお世話になります！」と挨拶をした。

丹羽さんによれば、床を張る手順は以下の通りである。

①床材を部屋の大きさや張り方に合わせてカット。
②床材の裏に接着剤を塗布。
③床材の「実（さね）」を結合。当て木を添え、金槌で叩きながらしっかりはめ込む。
④実の部分に床専用ビスを四五度の角度で打ち込む。

そもそも、工具に初めて触るというメンバーもいた。そこで最初に丹羽さんによる床張り講座がはじまる。しかも座学ではなく、いきなり実践からスタート。

「じゃあ、一枚目の板を張ってみましょう」と言いながら、お手本を見せてくれる。実の部分にビスを合わせて、四五度の角度で斜めに打ち込む。さすが大工さん、無駄も迷いもない動きだ。

お手本が終わると、全員がインパクトを手に、ビス打ちにトライ。ところが――。

「全然ビスが入らないよー、なんでかなあ！」

わたしの妹を含むD.I.Y.初心者三人が首をかしげる。手元をみると、インパクト自体は景気良くウィーンと回っているが、ビスが材の奥まで入っていかない。フロア用のビスは頭部分が小さいので、くぼみにピタッとフィットしにくく、インパクトが空回りしている。

「材が堅いせいかもしれませんね」と桑原さん。彼が普段行なっているワークショップでは、杉の無垢材を使う。それに対し、今回選んだ材木はオーク。広葉樹なので、杉などの針葉樹よりも堅く密度があり、ビスを打ち込むにもコツと技術が必要なようだ。

そんな具合なので、最初の一枚を無事に張り終えただけで、おおーっ！　と感動のどよめきが起こった。

①の床材のカットに移るにあたり、全員で張り方のルールをしっかりと共有する。一般的に、フローリングの施工方法は、半分ずつ位置をずらして張る「りゃんこ張り」（レンガを並べたようになる）や三分の一ずつずらして張る「1／3ずらし張り」（ややランダムな印象になる）、そして「乱尺張り」（完全にランダム）がある。実家は、以前「りゃんこ張り」だったが、今回は、軽やかな雰囲気にしたいので「1／3ずらし張り」に決めた。おかげでカットすべき材が多くなり、長さもまちまちになる。このカット作業が難しい。さらに、床材の両側には異なる形の実があり、間違った方をカットしてしまうと使えなくなってしまう。材には限りがあり、失敗は許されない。よし、慎重に、慎重に……と思っているのに、なぜか間違った方を切ってしまう。しかも、何度も何度も。
「ぎゃー！　間違えたー！」

わたしが頭を抱えると、誰かが「ドンマイ！」と声援を送ってくれる。現場の明るさだけが救いである。

それに比べオッキーは、仕事ぶりが丁寧だ。的確に墨付け（材に印をつけること）し、的確にカットしていく。職人の技が光っている。

ランチタイムには、母が用意したお弁当を囲んで、床の上に車座になる。

桑原さんは「このペースで終わりますかねー」と苦笑いしている。

この時点で張り終えた床材はたった六列。幅にして一・五メートル分ほど。成田からパリまでのフライトだったら、まだ北京上空あたりにいることだろう。

この先の台所や柱などの凸凹がある部分は、ぴったりと合うように材を加工しないといけないのでさらに時間がかかる。それに加え、個室につながるドアを外し、下側を切断するという手間を要する作業も残っていた。まだ手付かずの六畳間も厄介で、フローリング部屋の中央に二畳分の琉球畳が島のようにはめ込まれていた。二〇数年前のリフォームの際に、母が「畳の上に寝たい」と希望し、イレギュラーな作りになった。母は、今回も畳部分は残したいというので、その畳アイランドを避けて床材を張らないといけない上に、畳部分が段違いにならないように底上げもしなければならない。

「今日中に終わるか本当に心配になってきました。とはいえ、まずはやれるところまでやってみましょう」

桑原さんは落ち着いたトーンで言い、「毎週のようにいろんなD.I.Y.の現場を見ているなかで、集中してぐんぐん進む現場もあれば、あまり集中できないうちにずるずると終了時間の鐘が鳴り、泣く泣く翌日や翌週に持ち越すこともある」という耳の痛い話を始めた。

「うまくいくときは、みんなの持ち場が自然に決まって、〝ゾーン〟に入ります」

ゾーンとは極限的に集中した状態のこと。野球選手が「球が止まって見える」などというあの瞬間のことか。この言葉には、誰もが鋭く反応し、「入ろう、ゾーン!」「目指せ、ゾーン」と盛り上がる。

そんな頼りないわたしたちを、母はただ見守りつつコーヒーを淹れてくれた。

午後からはリビングと六畳間の二グループに分かれた。

「じゃあ、僕はこっちをやります」とタクちゃんが選んだのは六畳間。彼は朝からずっと大活躍していた。今回の師匠・丹羽さんの横にピタリとつき、床材を渡し、自分でもカットし、頑張り、掃除をし……と彼の周りだけ早送り再生されているみたい。それに比べて、わたしたち姉妹のへっぽこぶりったら。

「ねー、これで大丈夫かなー」

「あってる、あってる!」

「じゃあ、切るよー。えーい、切れたかも」

「おー上手!」

「わー、だめ、曲がってる」

「ほんとだー！　下手くそー」

無駄口を叩いたり、誰かの作業を眺めている時間が妙に長い。やばいぞ、このままいくと完全に「翌週持ち越し」グループじゃないか。

ところが、午後二時をまわる頃には、急に流れがかわった。

「ここ張るね」「じゃあ、次はボンドだね」「床材、運びます」などと自然に持ち場ができて、全体がひとつの流れとしてスムーズに動きはじめた。D.I.Y.初心者三人組はとても気が利いた人たちで、ボンドを付けたり、材料、道具を運んだりなど、スキルがなくてもできる仕事を見つけるのが得意だった。そして、難度の高い作業は、丹羽さん、タクちゃん、オッキーといった「できる人々」が担当。そして、桑原さんは「じゃあ、今のうちにこっちを進めましょう」などと全体をマネージメント。喋っている人は誰もおらず、部屋には工具の音だけが静かに響いている。

わたしも、六畳間チームに参戦。スキルは決して高くないけれど、丸ノコでカットができるというやや貴重な人材だったので、わたしが切った材をほかの人が張るという作業分担になった。それぞれから「左、実あり、八七三ミリを一枚ください」「両側実なし四八二ミリを三枚ください」などとオーダーが入ると、正確に切って渡す。

「疲れると怪我をしてしまうかもしれないので、休憩しましょう」と桑原さんが声をかけてくれる。確かにここに来て、じわじわと疲労が溜まってきたらしい。頭がぼーっとして、間違った寸法で切ってしまうというミスを連発していた。施主なのになんて役立たずなんだろう。

母がカステラとコーヒーを運んできた。甘味が疲れ切った体の細胞ひとつひとつに染み入る。「間に合うかなあ」とストレスを溜めていたわたしに、丹羽さんは、リラックスした口調で「D.I.Y.なんだから、まずは楽しくやるのが一番大事ですよねー」と声をかけてくれる。

お茶の時間を終えると、四時を回っていた。ここまでの完遂度は六〇パーセント程度である。

「本当に、本当に時間がない」という確固たる事実をチーム全員が認識。一切のアイドリングタイムなしで行動するようになった。今朝まで丸ノコという言葉さえ知らなかった妹のサチコも床材を切って、切って、切りまくる。

途中で、ナナとイオ君も様子を見にきた。みんなが一心不乱に「ドドドド！　ガガガ！」をしているのを見て、ナナは「おばあちゃんち、どうなっちゃうの？」と心配で泣きそうな顔になった。イオ君は「大丈夫だよ、パパと遊びにいこう」と声をかけてすぐに退散。

ごめんねー、あとで会おうねー！

わたしたちが六畳間の畳アイランドで苦戦している間に、リビングチームは着々と駒を進め、一番の難所と思われた複雑なキッチン周りに取りかかる。力を合わせて大物の冷蔵庫をどかし、その下にも床を張る。

開始から一〇時間後となる夜八時。二センチほど丈が短くなったドアが取り付けられた。スムーズな開閉を確かめると、全ての作業が完了！　ゴオオオオル！

「やったー！」とわたしたちは床に座り込んだ。

最後の力を振り絞り、ベランダに出してあったテーブルとソファを運び込むと、ビールで乾杯をした。みんなで「よかったねー、わたしたち、すごかったねー」を連発した。冷えたビールがおいしいことったら。

「一日でできたのは奇跡ですね！　最初に皆さんがしっかりと技術を覚えて、それをバーッと発揮できたのがよかったのだと思います。最後の方はかなりの難仕事をこなしていましたね！」（タクちゃん）

「みんな、床張りのバイトができるくらいに上達しましたよね！」（丹羽さん）

こうして、タクちゃん発案の「大きな工事研修」は無事に終わった。

翌朝、目が覚めるなり、なんじゃこりゃ!?　と声をあげた。全身がガチガチにこわばっている。特に痛みが激しいのは腰と腕。ずっと前かがみになっていたせいだろう。インパクトを握り続けた右腕も力が入らない。

「おばあちゃんちに、ちょっと行ってみようか」とナナに声をかけると「うん」と頷いた。

夕方、実家の玄関に入るなり言葉を失った。なんということでしょう！　あのボロかった部屋が！　部屋全体がぐんと明るくなり、広くモダンに見えた。木の香りが充満し、靴下を脱いで素足になると、足の裏がサラサラして気持ちがいい。ナナも裸足になって、きゃっきゃと走り回った。部屋の隅では、父の遺影が微笑んでいた。

＊

自分たちの手を動かせば目の前の景色が変わっていく。

そのシンプルな喜びにわたしたちは夢中になった。

ひとつを変えると他も変えたくなり、うちの家族内で「アンティークソファ界の亡霊」という異名をとっていたボロボロのソファの張り替えも決意した。費用は、実は新品のソファを買うよりも高いのだが、同じお金を払うのならば、見も知らぬ家具ショップに払うのではなく、思い出に払う方がいい。ショールームに行って布地を選び、亡霊は再びお気に入りのソファに生まれ変わった。さらにわたしと妹は、別の部屋のフローリングも張り替え、古いアルミのカーテンレールをアイアン風のものに付け替えた。そうしていくうちに、ひたすら「昭和」だった実家は「レトロかわいい」くらいまでアップグレードした。

さて、この頃のナナは、ドラッグストアに寄ることには飽きてくれたのだが、相変わらずダンゴムシが大好きで、保育園から帰る道すがらいつもダンゴムシを探していた。

「みてごらん、こんなところに、いっぱいいるよー」と小さな手で石をどけ、ダンゴムシを摑んでは、手のひらに乗せていく。

道にはたばこの吸い殻やガラスのかけらも落ちていて、わたしは気が気ではなく「それ拾っちゃだめ」と何度も注意した。わたしたちの横を、巨大な電動自転車がすり抜けていくとヒヤッとした。「もう家に帰ろう」わたしはもともと人に指図することも、指図されることも嫌いだ。それは娘に対しても同じで、よっぽど危険なことではない限りなんでも自由にやらせてあげたい。しかし、都会の道路は危険でいっぱいなのである。

ああ、土に触らせてあげたい。好きなだけ跳ねたり、転んだり、どろんこになれる場所が欲しい。

そろそろ本当に土地を探さなければ。

そう思っている矢先、「うちの土地を使ってもいいですよ」という女性が現れた。三〇代前半で、ライターや編集者が集まる機会があり、イオ君がそこで出会ったらしい。

山梨県で夫と娘（一歳）と三人ぐらしだという。

「どんな人なの？」と聞いてみると、こんな答えが返ってきた。

「感じが良い人だよ！　その人たちの持ってる土地で、何にも使ってない土地があるんだって」

「どんな場所なの？　どれくらい広いのかな？」

「わかんない。一度うちに遊びに来てくださいって言ってたからさ、今度みんなで行こうよ。いろいろ聞くより、行けばわかるよ！」

急展開である。

第5章

未来予想図　ここに決めた！

二〇一七年二月、レンタカーで中央自動車道を八王子方面へ向かった。いくつものトンネルを抜け、たどりついたのは、山梨県甲州市。カーナビに従って進むと、車は緩やかな山間の道路を駆け上がり、車窓には葡萄畑と棚田が広がる。

「ここらへんかも」

イオ君の声で周囲を見回して、わたしは面食らった。「山梨に使っていない土地がある」と耳にしたときは、人里離れた山中を想像していたのだが、実際にはけっこうな数の民家が建つ集落のなかだった。

車の外にでると、遠くには雪を抱いた山々が連なり、沿道にも雪が残っていた。

「どうもー！」坂の途中に女性が立っていた。小野民さん。明るい色の髪に白い肌、醸し出すオーラがふんわりしている。自然素材のワンピースを身につけていて、よく似合っていた。そのエキゾチックな雰囲気のせいだろうか、「こんにちは」と挨拶をしながら、トキメキと緊張をかけ合わせたような感覚に襲われた。初対面だけど、この先も深くお付き合いすることになるのかも……という予感もあり、そのドキドキはお見合いにも似ていた（したことはないけど）。

案内されたのは、真っ赤なペンキが塗られた民家だった。

「どうぞー、こんにちは！」

待っていたのは、夫の小倉ヒラクさん、そして一歳の娘、もっちゃん。普通の民家だが、無垢材の床や、梁が見える天井、こだわりの照明器具が空間全体を居心地よくしている。リビングには天井まで届く本棚が備えつけられ、写真集、食やアートの本がぎっしりと詰まっていた。

ヒラクさんは発酵デザイナー。聞き慣れない肩書きだけど、発酵食品専門のデザイナーで、微生物の在野研究者でもあるらしい。棚には実験道具や顕微鏡が置かれていた。そんな彼の夢は「新種のカビを発見して、カビ道を極める」。

民さんは、食や農業、ライフスタイルを領域とするフリーランスの編集者／ライター。同じ出版分野の仕事だし、一児の母同士ということで親近感が湧いた。もっちゃんはナナと半年違いで、並ぶと双子のようなサイズ感だ。

小倉ファミリーが東京からこの集落に引越してきたのは、二年前の春。購入当時の家は「床も抜けていて、人が住める状態ではなかった」とヒラクさん。

「とにかくD.I.Y.で修繕して、三ヶ月で住めるようにした。最初は野生動物の侵入を防ぐようにして、床を張ったり、天井を抜いたり。朝五時に起きて、三、四時間作業して。その後、仕事をして……。むちゃくちゃ疲れたけど、すごい楽しかったー。途中三回くらい感電したけどね！」

「ここらへんは日陰に入れば夏でも涼しくて、家にはクーラーもいらないんです。そのかわり、テレビの地上波が入らないし、トイレは汲み取り式です」と民さんは付け加えた。

話を聞いてみると、東京から近いわりにはけっこうな限界集落で、空き家も多いようだ。

「とりあえずお昼を食べて、温泉にいきましょう」という話になった。ナナにとっては人生二回目の温泉。それにしても、初対面で「まずは温泉！」とは日本人ならではである。温泉に入っている間にナナともっちゃんはすっかり仲良くなり、「もっちゃーん！ おいでー！」「こっちー！」とお互いを追いかけ回し、きゃっきゃと笑った。

その後、土地を案内してもらう。

母屋からは徒歩二分。丘の途中を長方形に切り取ったような土地だった。目の前は大きく空に向かってひらけていて、丘陵を見下ろすような眺めがすばらしい。広さはどれくらいだろう。土地全体に背の高い草が密集しているので全体が見通しにくいけれど、小さな小屋を建てるには十分に見えた。

「夜景もすごく綺麗なんですよー」と民さんが言う。ゆるやかに広がる丘陵には住居や畑がパッチワークのように続き、その向こうには甲府の街なみも見え、さらに遠くには南アルプスの山々が見えた。

　ここがまったく使われていないとは、もったいない。

「契約書によれば、広さは一〇〇坪らしい」

　ヒラクさんは説明を続けた。

「最初はこの土地があるって全然知らなくて、家を買ったら、こっちも付いてきますって、ジャパネットたかたみたいに言われて！　僕もここに小屋を建てて、研究ラボにしようと思ってる」

　おおっ、それならば一緒に小屋作りの作業とかできますね、と言いながらも、内心は迷っていた。土地は集落の真ん中にあり、隣の土地には新しそうな家も建っている。プロジェクトの原点は娘を大自然の中にどっぷりと浸らせること。小屋は、林や草原の中にぽつんと立つイメージだった。ブランコが吊るせる大きな木は絶対に欲しかったが、ここには一本の木もない。ううむ。

　一方で、土地は道路に面しているので、資材の搬入は楽だし、ホームセンターも近い。歩いていける距離に温泉施設もあるし、スーパーも遠くない。中央本線の特急が停車する塩山（えんざん）駅からバスも通っていた。東京から通いながらセルフビルドで小屋を建てるわたしたちにとって、これらは全て好都合だった。そしてナナともっちゃんが楽しく遊んでいる姿も脳裏に焼き付いた。

すぐには、考えはまとまらなかった。ヒラクさんたちの「ゆっくり考えて」という言葉に甘えて、結論を出さずに帰京した。

家に帰るころには、民さんからこんなメッセージが届いた。


また遊びに来てください。次回は過度なプレゼンをしないように自制しつつ、楽しみにしています！


短い言葉ながら、温かな歓迎の気持ちが伝わってきた。少なくとも小倉ファミリーとは仲良くなれそうだ。お見合いならば、もともとの条件とは違うけど、人柄はとても気に入りました、という気持ちだった。

春から夏にかけて小倉家に通った。

近隣の山や公園で遊び、温泉に入って、小倉家で一緒にご飯を食べるというのがお決まりのパターンである。そうするうちに「民さん」は民ちゃんになり、「ヒラクさん」はヒラク君に代わった。ふたりはとても料理が上手で、毎回おいしい野菜料理とお酒を準備してくれた。

春の塩山は、木々に花が咲き乱れていて美しい。初夏になると沿道のあちこちで瑞々しい桃が売られていた。

ある日、「これ見てー！」とヒラク君がさっとテーブルの上に置いたのは一枚の絵。二つの建物がハの字を書くようにゆるやかに向かい合い、軒下（のきした）がウッドデッキでつながっている。一軒は木造の小屋、もう一軒は長方形の箱のような建物で、コンテナである。小屋の周りには果樹が植えられ、コンテナの屋上では小さな子どもが手を振っていた。それは、なかなか素敵な未来予想図だった。

「いろいろ考えたけど、僕のほうはコンテナハウスにしようと思う。木造だと菌が棲み始めちゃうから。温度もコントロールしないといけないし、断熱性とか気密性とか考えるとコンテナがいいという結論になったよ」

彼が建てようとしているのは、菌の研究を行う「ラボ」である。

「手作りの小屋とハイテクなラボが並んだら面白いね」とわたしは言った。菌の研究がいかなるものかは想像がつかない。しかし、本来は大学や食品会社の研究室でやることを、自作の小屋でやろうというんだから、これもまたD.I.Y.である。

東京に戻ってしばらくしてイオ君が言った。

「俺はあそこがいいと思う」

「そうだね、そうしよう」とわたしは答えた。

かくして、川内家をよろしくお願いします、ということになった。
工事の順番としては、まずは雑草だらけの土地をきれいに整備。その後、ヒラク君がコンテナを搬入。その後に、川内家が本格的に小屋作りを開始する。

＊

イオ君の趣味は「ネット検索」である。彼はいつでも何かを検索している。義務感ではなく、とにかく検索することが好きなのだ。自分の取材相手や次にいきたい旅先、面白い場所。そういったものを日々スマホで検索し、情報をストックする。だから肩書は「ライター」ではなく、「稀人（まれびと）ハンター」である。

ジャンルを問わず日本全国、世界各地で活躍する「規格外の稀な人」を追う稀人ハンター。稀人たちの熱い想いを文字で、言葉で、映像で届けるために今日も東奔西走北飛南歩！（稀人ハンターのＨＰより）

そんな彼の日常的な検索アイテムには「公園の近くのマンション」も入っていたようだ。彼はわたしが住環境を変えたいと思っていることをよく分かっていた。一〇月のある日、イオ君が「ここはどう？」と、唐突に空き部屋の情報を送ってきた。

距離にして今の自宅から二キロの場所にあるマンションの最上階。五〇平米の1LDKなので、実はいま住んでいる部屋よりも狭かった。しかし、スマホの地図で場所を確認したわたしは「いいかも！」と答えた。

イオ君が情報を送ってきたマンションのすぐそばには「林試の森」という都内有数の公園があった。もともとは林業試験場で、巨大なケヤキやクスノキ、プラタナスの並木道、そして谷間には亀や魚がいる小さな池がある。ここなら、どこまでもよちよちと歩いて行きたがる二歳児を野に放ちつつ、自分もリラックスできるだろう。そして、いまの保育園にも自転車で通える距離だった。

引っ越そう！

いったん決めると行動は迅速で、二週間後、ナナが保育園に行っている間に引っ越してしまった。そのためナナは保育園から帰ったらいきなり家が変わっていた、という事態に遭遇し、大混乱に陥った。

「おうちにかえらないの？　おうちにかえりたいよ」と夜になると泣きべそをかいた。なんてかわいいんだ、キミは！

「今日から、ここがナナの新しいうちになったんだよ」

「じゃあ、ママとパパはまえのおうちにかえるの？　ナナ、ひとりになっちゃうの？」とさらに混乱する。

「いや、三人一緒にここで暮らすんだよ」と言うと、不可解そうな表情を浮かべたあとに眠りについた。そっか、引っ越しというコンセプトはキミにとってまだ新しかったんだね。

眺めの良い窓からたくさんの光が入る部屋。天気が良い日は、富士山もくっきりと見えた。わたしは住み始めてすぐにここの暮らしが好きになった。実家を出て、アメリカで暮らし始めたのが二二歳のとき。アメリカ国内でも何度も引っ越し、その後は東京、パリ、再び東京と移動や引っ越しを続け、一〇軒目の住処だった。

*

引っ越しから三日後の週末、わたしは朝早く山梨に向かった。ヒラク君に「寒くなる前に、土地を整備しよう」と誘われたのだ。一一月の初旬なので、本格的な冬の到来はもう目前である。家のなかはまだぐちゃぐちゃだったが、イオ君とナナは「いってらっしゃい、がんばってね」と手を振ってくれた。

新宿駅に着くと、たくさんの人が駅を行き交っている。うわあ、朝六時台から電車に乗っている人がたくさんいるんだな、すごいなあ、と感心する。朝七時三〇分の特急あずさに乗ると、九時前には塩山駅に到着。駅にはヒラク君が迎えにきてくれた。

「有緒さん、作業着って持ってきた？　ものすごいドロドロになるよ。え、ない？　じゃあ、ホームセンターによろう。つなぎ（作業服）があるといいよ」

というわけで、まずはホームセンターへ寄ったものの、「女性用の作業着はないです、野良着ならありますが」とのこと。野良着なるものはなんか違う気がして、しかたなくピンクのラインが入ったダサいジャージを九九〇円で購入した。

改めて土地を眺めて途方にくれた。何年も人の手が入っていないので、草がらら一と自由奔放に葉を広げ、花を咲かせ、種を落とし、また芽吹き……という自然の営みが繰り返された結果、いまや人の背丈ほどの草木が絡み合うジャングル的なものが形成されていた。これは「草刈り」ではない。「ジャングルなぎ倒し大会」である。

ええい、バルス！！！　って言ってもなんにもおこらないか、やれやれ。

コーヒーを飲んで、作業開始である。

「ねえねえ、ちょっとだけでも手伝ってくれたら嬉しいな」とヒラク君が、パソコンで仕事をしている民ちゃんに声をかける。すると、民ちゃんはちらっと目を向けた。

「ヒラク君はさあ、本の印税も全部ラボの建設につぎ込むんでしょ。だから、わたしはちゃんと仕事をして、生活費を稼ぐから！」

お、かっこいいぞ、民ちゃん。

そういえば、半年前に出版されたヒラク君の著書『発酵文化人類学』は着実に版を重ね、ベストセラー入りを果たそうとしていた。

「ということは、印税も入るよね？　家計に回さないの？」そうわたしが尋ねると、ヒラク君はピタリと動きを止めたあと、ドラマチックな口調で「うん、僕は……ダメだね……。どんどん人間界が嫌になる。そろそろ菌になるよ。でも、五万部までいったら家計に回すね！」

そこにヒラク君の友人、マイコさんがやってきた。電動草刈り機、熊手、大小の鎌など、様々な道具を車から取り出す。彼女は食べられる野草を採取して販売するというユニークな仕事をしている。その知識と経験を活かして的確な指示を出しはじめた。

「セイタカアワダチソウが多いですね。茎の途中で刈ってしまうとまた生えてきます。アリオさん、根元からひっこ抜いてください」

はい、リーダー！

雑草といえども、群生しているところは、根っこが地下で絡み合い、全力で引っ張っても抜けやしない。

「力任せじゃなくて、テコの原理で」とマイコさんは声をかけてくれるが、絵本『おおきなかぶ』をひとりきりで演じている状態だ。

よっこらしょ、どっこいしょ、それでも草は抜けません！

まずは群れのなかでもいかにも弱そうな子から引っこ抜く。すると、お互いを支える力が減少し、最後には大きいやつもなぎ倒せるようになる。ふっ、見たか。

一一月だというのに汗だくで、新品のジャージには草の種がびっしりと付いている。

そうこうしている間に、マイコさんは草刈り機を操って、絨毯爆撃的に草を一気になぎ倒し、ヒラク君は敷地の入り口に張り巡らされた古いフェンスを引っこ抜くことに心血を注いでいる。

ときおり近隣の人が通りかかり、「あら、きれいになったわねー」「すごいじゃない！」「何作るの？　楽しみだね」などと声をかけてくれる。草刈りのハードさに嫌気がさしつつあったけど、声がけがモチベーションになって日が傾くまで作業を続けた。

夕日が沈む頃には、土地の一角に雑草を積み上げた高い山が出現し、初めて地面が見える状態になった。フェンスと雑草が消えた土地は、スッキリとして広くなった。

「やったー!!」と三人で熊手にまたがって、魔女風の記念写真を撮った。

帰りの電車では、腕がだるすぎて、ペットボトルを持つのも億劫なほど。ひどく空腹だったが、ご飯を食べる気力もわかない。来る前は、帰りの電車で原稿を書こうとノートパソコンを持ってきていたのだが、「何を考えてんだ、小屋作りはそんなに甘くないぞ」と朝の自分を呪いたくなった。

草刈りの様子をFacebookにアップし、いくつか付いた「いいね！」に満足していると、タイムラインに上がってきた友人の子の誕生日会の写真が視界に入った。あの子ももう一歳か、おめでとう、と思いながらいいね！のボタンを押す。

そっか、誰もが日々の頑張りを誰かに認めてもらいたいんだなあと思う。子育ては連綿と続く日常だから、仕事で得られるような達成感を感じにくい。だからみんな子どもの入学式とか誕生日の写真をＳＮＳにアップするのかな。

ひとつ謎が解けたような気がした。

第６章

人力で土地をならすと古墳が生まれた

草刈りから数日後、ナナは三歳の誕生日を迎えた。

当日はイオ君もわたしも仕事を休み、三人で横浜の「アンパンマンこどもミュージアム」に行った。ナナは、紙芝居ショー真っ最中のアンパンマンに「だっこしてええ」と突進していき、完全に無視された。そして「アンパンマンにだっこしてもらえなかったああ!!」と厳しい現実に打ちのめされてわんわん泣いた。

ナナは、世の中の例に漏れず、愛と勇気だけが友だちのアンパンマンが大好きだ。インドの出版社・タラブックスの美しい手製の絵本なども買い与えたけれど、ほぼ見向きもせずにアンパンマンひとすじ。わたしは、正しいバイ菌的行為に邁進するばいきんまんも嫌いじゃないけど、毎回正義の名のもとにやっつけられてしまう。誰かが誰かをやっつけるんじゃなくて、それぞれが、みんな楽しく一緒に生きられたらいいのに、とか思うのだが、それではきっと物語にならないのだろう。

その二日後には、わたしは一週間のアメリカ取材に出かけることになっていた。長編ノンフィクションの執筆に向けて、出産してから初めての海外取材である。


国連職員を辞めてからの八年間で、わたしは四冊の本を出版していた。どれもエッセイとノンフィクションの中間のようなもので、いわゆる客観的事実と裏づけの基に書かれる正統派のノンフィクションとは異なるものだ。まぁ、これが自分の持ち味だと思いつつ、どの本も執筆だけで食っていけるほどには売れず、作家を名乗っていてよいか悩むところである。

ある日、思った。運良く今日まで本を出してこられたけど、このままいけば、わたしの本を出してくれる出版社はなくなってしまうのかも。そうしたら、なにをして生きていけばいいのだろう。いったんそう考えはじめると不安はどんどん大きくなった。わたしは、ただこの先も好きなテーマで本を書き続けたかった。

こうなったら、逆張りでいこう。

子育てで働ける時間が限られている今だからこそ、しっかりした取材をベースにし、じっくりと時間をかけて執筆する正統派のノンフィクションに挑戦したい。ただし、まだ長期におよぶ遠方への出張はできないので、子育てとのバランスをうまくとりながら取材を続けねばならない。しかも、自分のやる気が長く持続するほど魅力的なテーマが理想である。

そんなものが都合良く転がっているようにも思えなかったが、どういう偶然か、これぞというテーマに巡り合えた。それは、福島県いわき市にある「いわき回廊美術館」をめぐる三〇年の物語である。

この手作りの野外美術館を作り上げた志賀忠重さんは、二五〇年という途方もない時間をかけて、いわきの里山に九万九〇〇〇本の桜を植樹するという夢に向かって邁進している破天荒な人物だった。彼の中にあるのは、福島第一原発事故で汚染されてしまった故郷を日本一の桜の里にしたいという思いである。その志賀さんに協力してきたのが、中国生まれでアメリカ在住の世界的アーティスト、蔡國強さん。ふたりは八〇年代にたまたま出会い、長い人生の旅路を交差させ、二〇年以上にもわたりいくつもの作品を一緒に作り続けてきた。回廊美術館はそんな作品のひとつである。わたしは、ふたりが生み出してきたアートをめぐる波瀾万丈な友情物語に強く心惹かれた。

いわきは東京から三時間弱。一泊二日の取材旅行を何度も繰り返せば、時間はかかってもいつかは取材を終えられるだろう。やってみよう。

それから、月に一度のペースでいわきに通い、京都や横浜、東京でも取材を重ねた。取材や執筆のペースはゆっくりで、くっそう、もっと時間があれば……と思うこともあった。何が面倒かって、いろいろとイオ君と予定をすり合わせなければいけないことだ。夜間に取材や打ち合わせをしたり、泊まりがけで仕事をするには、イオ君に家にいてもらう必要がある。彼にすでに予定があれば、日程をずらさなければいけない。ああ、また予定を調整しなければと思うだけで気が重く、ギリギリまで言い出せないこともあった。一、二泊ですらこうなので、三泊以上なんて夢のような話だ。正直、他の書き手が長期の取材や冒険旅行に出ている様子を見て、同じ土俵に立つことの難しさや羨ましさを感じることもままあった。

しかし、人は誰でもそれぞれの条件や事情を抱えている。わたしは、いま健康で気力も十分にある。少なくともイオ君はわたしのプロジェクトに協力的で、できる限りの応援をしてくれている。そうだ、わたしはわたしの暮らしの中でやれることを目一杯しようと思い直した。

自由の概念は人によって異なる。

人によっては、時間に囚われず、長期の旅に出ることを自由と感じる人もいるだろう。お財布を気にせずにものが買える生活を自由と感じる人もいるだろう。そういった種類の自由は自分にはなかったけれど、好きなテーマを選び、思いっきり書くという自由さだけはある。そう、わたしは、わたしのフロンティアを目指そう。

気がつけば、わたしは恐ろしいほどに原稿を書くことに没頭していた。ベビーカーを押しながら構成を考え、カフェに入るとメモし、合間にパソコンを開き、ナナが寝た後や早朝にも書き続けた。

中国や北極、アメリカやヨーロッパにも跨る三〇年の記録を追いながら、こころだけは果てしなく遠い場所へと旅をしていた。人は、たとえフィジカルに旅ができなくとも、こころのなかで旅ができる。それも発見だった。

せっかく新しいものを書くのだから、自分のなかにある既存の枠組みをぶち壊すようなトリガーが欲しい。これくらいでもいいやと妥協せずに、自分の新しい可能性を拓いてくれるなにか。

そこで目をつけたのは、公募型の賞である。受賞できなければ本として出版されないし、原稿料も入ってこない。子育てする日々は忙しく、すぐに楽な方に転がってしまいそうになるので、そういう崖っぷちまで追い詰めるようなプレッシャーのなかにあえて身を置きたかった。


ある休日の午後、わたしが仕事に集中する傍で、ナナは『アナと雪の女王』を見ていた。物語の大まかな筋はおえるが、まだ深い気持ちまでは読み取れないらしく、途中でいろいろな質問をしてくる。

「ねえ、いまエルサはなんでおこったの？」

「ねえ、なんでエルサはひとりでおうちにいるの」

いわゆる「なぜなぜ期」というやつだ。

「エルサは魔法の力が強すぎて、他の人に痛い思いをさせてしまうのが心配なんだと思う。それに、ひとりのほうが自分らしく楽しく生きられるから、ひとりで暮らすほうがいいって思ったんだろうね。自分らしく生きるって大事なことだから」

「ふーん」

答えに納得すると、ナナは映画の世界に、わたしは仕事に戻った。

こうして、休みの日にまで仕事をしているわたしは、ナナにとっていいお母さんかどうかわからなかった。しかし、夫婦にも家族にも母親像にも、それぞれの形があっていい。そう思うと、わたしは楽になった。実際のところ、ナナはすくすくと育っていた。


いわきでの取材を終えた時点で、蔡さんが住むニューヨークに行き、現地でインタビューをするという大きな課題が残っていた。

「一週間だけでいいから、アメリカに行きたい」と申し出ると、さすがのイオ君も「うお、一週間か……」と腰が引けているようにも見えた。しかし、妙な気迫を感じたのか、「……なんとかなると思う」と受け入れてくれた。イオ君にとっても初の長期ワンオペ育児である。わたしは大量の食材、一週間分のナナの保育園セットを準備した。

きっとふたりはわたしがいなくても大丈夫――、と自分に言い聞かせ、「ありがとう、いってきまーす！」と玄関のドアを閉め、成田空港に向かった。


結果から言うと、「ふたりは大丈夫」という予想は大きく外れた。イオ君はこの絶妙なタイミングでインフルエンザにかかり、高熱でぶっ倒れた。幸いナナには移っていなかったが、一緒にいることはできないので、急いでわたしの母が住む実家マンションに隔離された。しかし、実家は保育園からは離れており、高齢の母には一日中幼児の世話をするような体力はなかった。かくして妹が毎朝・毎晩タクシーで実家から保育園への送り迎えをするという面倒な事態に発展。その顚末を電話で聞いて、あちゃーと思ったが、アメリカにいるわたしができることはなく、取材に集中するのみである。

わたしが日本に帰ってきたとき、ナナは元気そうに笑った。

「ナナ、ひとりで、おばあちゃんち、いったよ。ひとりになっちゃったけど、だいじょうぶだったよ！」

そうだね、えらかったね。

こんなときに、子どもが親に対して持っている優しさや愛を感じる。ナナはわたしの自分本意の行動やそこから引き起こされる事態を、ただ自然に受け入れてくれていた。

わたしはそんな家族の優しさにストレートに甘え、ふたたび原稿執筆に邁進した。

アメリカから戻った時点で公募の締め切りまで三ヶ月。夜明け前の朝四時半に布団を抜け出し、コーヒーを飲むと原稿を書いた。朝食を作り、食べ終え、ふたりが保育園に行ってしまうと、また原稿を書いた。集中していると一日はあっという間だ。夕方になると、自転車をとばしてお迎え終了のギリギリにナナを迎えにいった。

締め切りの少し前、いよいよ執筆が大詰めという段階で、今度はナナとわたしがインフルエンザにかかり、ふたりとも一週間近く寝込んでしまった。あわや、もう間に合わないかもと思ったが、なんとか挽回し、締め切りにはギリギリ間に合った。結果は数ヶ月先までわからないが、書きたいものは書けた。

気がつけば、季節は春である。久しぶりに電車に乗り、表参道に向かった。

いやあ、世界は輝いてるなあ。空が高いなあ。

そうか、今日からなにやってもいいんだー、と解放感に浸った。

会いたかった友人に会った。好きな食堂で唐揚げ定食を食べた。映画を二本続けて見た。美術館にいき、ミュージアムショップで前から欲しかったジョン・ルーリーの複製画を買った。そうして色々な栄養が自分に注ぎ込まれ、心が満たされると、むくむくとなにかを作りたいという気持ちが湧き上がってきた。

小屋作りを始める時期が来た。

＊

土地の整備を再開する。敷地内の高低差がすごいので、ヒラク君の発酵ラボになるコンテナを置く場所に土を盛り、平らにならす必要があった。コンテナは敷地の奥側に設置される予定なので、その搬入が済まない限り、手前に位置するわたしたちの小屋の作業はスタートできない。

コンテナのサイズは約二・五メートル×六メートル。

やるべきことは、実に単純だ。コンテナの設置場所から一メートルほど離れた場所の土をスコップで掘り、低い部分に土を移し、かさ上げする。メンバーはわたしとヒラク君、そしてヒラク君の知り合いの三人。

土を掘り、積む。土を掘り、積む……。

いざ開始してみると、単調な上に果てしなく、スコップの重みを支える左腕が急激にだるくなってきた。

「罰ゲームしてる気分だよ。ここにショベルカーがあったら一瞬で終わるんだろうねえ。ショベルカーがない時代はどうしてたんだろうか？　牛に引かせるとかかな」（わたし）

「僕さあ、思うんだけど、日本人が牛を食べなかったのって実は、牛が大事な労働力だったからじゃないかな」（ヒラク君）

おしゃべりで気を紛らわせながら、二時間ほど作業を続けると、敷地の一部がこんもりとしてきた。良い感じだが、水平が取れているようにはまったく見えない。

「きっと水平器（水平かどうかがわかる器械）が必要なんじゃないかな」とわたしが言うと、ヒラク君が「ぼく、買ってくる！」と車に飛び乗った。

二〇分ほどで戻ったヒラク君が、「一番大きいのを買ってきたよ！」と手にしていたのは、長さ五〇センチほどの気泡管水平器だった。

土の上に長い角材を置き、その上に水平器を設置。液体に浮かんだ気泡が真ん中に来ていれば、水平である。精密さからは程遠いが、ある程度はわかるだろう。

「こっち側がまだ高すぎる！　少し土を減らそう」

「どれくらい？」

「三センチくらいかな」

再び二時間をかけて、土が平らになるように調整する。

「今度は、反対側が高すぎるみたい。土をちょっと戻そう」

「うわあ、またかー」

二一世紀とは思えない人力かつ適当な方法だ。

たまにご近所の方が通りかかり、「そんなんじゃ雨降ったらすぐ崩れて建物が傾いちゃうわよ。もっと土を固めなきゃ。せめて丸太とかないの？」と心配を煽った。

「いやあ、それがないんですよね。でも、建物はコンテナなんで、ある程度の傾きは大丈夫なのかなって」

「あー、コンテナね！　ならきっと大丈夫だわ！　頑張ってね」

嵩上げするためにコンテナ設置予定地の周りを掘りまくった結果、周囲には深さ五〇センチほどの溝がぐるりとできていた。それを高い場所から眺めたヒラク君が声をあげた。

「見て、こ、これは古墳だ！」

ほんとだね、ははは、とわたしたちは爆笑した。

作業の終わりにぶどうの苗を植えた。この敷地には日陰を作るような木がない。だから、夏を快適に過ごすには、ぶどう棚があるといいね、ということになったのだ。

「いつか立派なぶどう棚になるよ。自家製ワインも飲めるかも！」とヒラク君はニコニコしている。

一ヶ月後には、巨大なクレーン車で吊るされたコンテナが、どーんと盛られた土の上に載っけられた。

「基礎とピタッとはまったときはもう感動だった――。でも、これでもう後戻りできないいんだなあとも思ったよ」とヒラク君は感慨深そうだ。

コンテナっていいなあ。だって、基礎に載せただけで、すでに建物が立ってるんだもの。

もちろん、この時点でわたしたちの小屋は影も形もなかった。

第7章　西部開拓史が生んだ工法で進め

朝のドトール会議から三年が過ぎ、ようやく土地が整った。これで、晴れて小屋作りに突き進めるはずなのに、わたしの苦悩は深まるばかりだった。なにしろ、まったくもって、前に進める自信が、ない。

木材を切るとかビスを打つとか、個別の木工スキルはアップしたけれど、こと建物の構造や作り方の知識レベルは、三歳のナナと大差なかった。楽器が弾けるからといって、シンフォニーが作曲できるわけじゃないのと同じだ。本を読んだり、図を眺めたりしても、そもそもの基礎知識が少なすぎて一向に理解が進まない。むしろ読めば読むほど、自分には無理かも、というネガティブな気持ちが募った。誰かに聞こうと思っても、なにがわからないかすらもわからない。

参ったなあ。

うじうじした袋小路感を打破するため、小屋作りの「工法」を絞り込むことにした。改めてセルフビルド愛好家たちの本やブログを読み漁ると、家作りには、主に三つの工法があった。おいおい、今更そこかよ、と自分に突っ込みながらノートに整理した。

①ログハウス（丸太組み工法）
丸太を井桁状に積んで壁を作っていく。見た目でいくと、一番ハイジのおじいさんの家っぽい気がする。コストは高め。

②在来軸組工法
日本で昔から発達してきた工法なので、在来工法とも呼ばれる。土台の上に柱と梁、筋交いで骨組みを作りあげ、そこに壁や屋根を張っていく。柱などは、簡単にずれないように「ほぞ」と「ほぞ穴」で接合される。

③2×4工法（ツーバイフォー工法または枠組壁工法）
西部開拓時代のアメリカで生み出された工法。二インチ×四インチの木材（ツーバイ材）と合板で壁や床のパネルをつくり、それを箱型に組み上げる。最終的には壁自体がそのまま構造体になる（段ボール箱のようなイメージ）。

なにを選ぶかで、設計から材料選び、完成までの工程、必要な経費が大きく変わる。実は、最初に工法選びをすればよかったのだが、そんなことは思いつきもしなかった。

お金の面に関しては、小屋全体の材料費や交通費を入れて一〇〇万円以下という予算を立てた。一〇〇万円という数字には特に根拠はない。ただ「それくらいに収めないとやる意味ないよね」というわきの志賀忠重さんの言葉に「ですよね」と大きくうなずいて決めた。例の「いわき回廊美術館」は、建物もベンチもステージも全て手作りである。敷地内には、ツリーハウスや小屋やサウナもあり、それらも周囲の里山で手に入る材料で作ったものだ。お金をかければいくらでも楽できるが、それでは自分で作る意味がない。それに、ぶっちゃけた話、いわきの本の取材で何十万円も持ち出したあげく、他の仕事もしていなかったので、リアルに金欠だった。

あれこれ脳内で工程をシミュレーションした結果、2×4工法を選んだ。わたしのスキルと知識レベル、身体能力、コストを考慮した結果、もう消去法でこれしかない、と思ったのだ。

在来軸組工法にはほのかな憧れを抱くけれど、長くて重い柱や梁を正確に加工し、きっちりと組みあげるには、かなりの技術力と腕力が必要になる。自慢ではないが、わたしが持ちあげられる重量は海外旅行のスーツケース程度で、せいぜい二〇キロが限界である。持ちあげられない材料を使ってセルフビルドなんてありえない。合板とツーバイ材は軽くて値段もリーズナブルだし、壁パネルを作るのは、今までやってきた家具作りの延長に見えた。アメリカで素人が家を作るために生まれた工法というのも大いに勇気づけられる。よし、2×4工法に決定！　おめでとう。

2×4工法は、壁パネルを作ってそれを組み合わせるという構造上の制約があるので、設計の自由度は低くなり、形は自ずと箱型にならざるを得ない。最初に考えていた自由な設計を全て白紙に戻し、再度あであでもない、こうでもない、と設計を始めた。

いろいろ考えたわりに、最終的には、合板（九一〇ミリ×一八二〇ミリ）三枚（計二七三〇ミリ）を短辺に、四枚（計三六四〇ミリ）を長辺に組み合わせたシンプルな長方形（約九・九平米）に落ち着いた（九五ページ図）。要するに、なんの変哲もない普通の六畳間に近いプロポーションである。図面でみても、お土産ものの菓子箱のように地味でつまらない形に見えた。うーん、せっかくゼロから作るのに、ほんとにこれでいいのかな？

そこで、横浜にあるD.I.Y.向けの工房まで出かけ、一〇分の一サイズの模型を作ることにした。模型の作り方も2×4工法をなぞらえて、最初にベニヤ板で小さな壁パネルを作り、組み合わせる。

これは非常に有意義な作業で、屋根の角度や建物の高さ、窓の位置、壁の厚みなども実感として理解できるようになった。

屋根は、上に乗って作業しやすいように片流れ（一方向に傾斜があること）の屋根にした。雨が効率よく流れるように、最低限の勾配はつけないといけないが、雪はあまり降らない地域なので、大きな勾配は必要ない。

建具に関しては、2×4工法には九一〇ミリの壁パネルの幅を超える大きさの窓をつけられないという制約がある。そこで、少しずつ光を取り込むという考え方で、全部で四ヶ所に窓をつけることにした。ただし、入り口だけは大きな開口部を作るべく観音開きのフランス窓をつけたい。そして、中にはロフトを設置し、わたしとナナが一緒に眠れるようにする。ということは、天井までの高さは、ええとどれくらい必要なんだろう……。それにしても、建具については、後から決めて設置することもできるのか？　それとも最初から決まっていた方がいいのか？

こうして妄想と計画をいったりきたりするうちに、うん、形は地味だけど、良い感じだという結論に至った。なにより、混乱したときは、うじうじ悩むよりも、実際に手を動かすに限る。

完成したばかりの模型を家に持って帰ると、シルバニアファミリーのおうちみたいで、ナナが「これで遊びたい！」と喜んでくれた。

再びタクちゃんを呼び出して模型を見てもらい、四時間かけてあれやこれや議論をした。

小屋の設計図

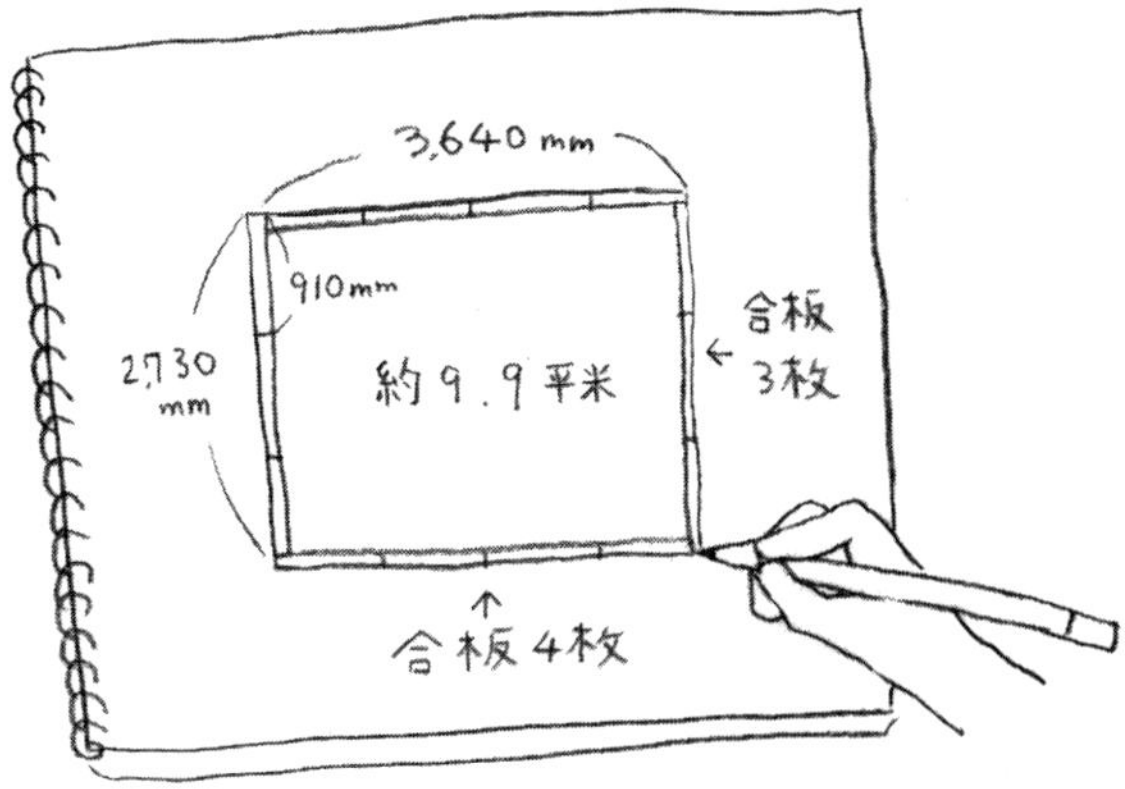

最終版の設計図！
せっかくゼロから作るのに、
こんなシンプルな形でいいのかな……？

ところどころ微修正を行い、「いいんじゃないでしょうか！　建築的には問題ないですよ」というお墨付きをもらえるレベルに至った。

実はタクちゃんは、この夏にはメキシコに一年間の予定で留学することになっていた。メキシコの建築物の勉強をするとのことだったが、ラブラブな彼女と時間を過ごすことがメインイベントに違いない。彼はもともと陽気な男だったが、その日はいつも以上に幸せそうだった。もしかしたら現地でプロポーズくらいのことを考えているのかも。どちらにせよ渡航前の限られた休日を川内家の小屋のことに費やしてしまい、本当に申し訳なかった。

こうして基礎が打てるという段階まで来たおかげで、今度は具体的でやたら細かい疑問が湧いた。質問が出てくるのは前進している証だ、とノートに箇条書きにした。

・水平はどうやってとる？　特殊な機械が必要？
・基礎は、砂利と束石（つかいし）だけで安定するのか？　それともコンクリートで固めた方がいい？
・束石と小屋の土台は固定する必要があるのか？　乗っけるだけでもいい？
・コンクリートは自分で作れるのか？

数々の疑問を前にセルフビルドの本を開いたが、分かることは多くなかった。ネットでも検索したが、今度は個人のブログが大量に引っかかり、かえって混乱が深まった。最終的には全てが嫌になってTwitterのエゴサをしてしまい、自分の過去の本に対するネガティブなコメントを読んで自信を喪失している間に時間ばかりがすぎていった。

気を取り直し、唯一知っている大工さんに連絡を取った。実家の床張りのときに出会った丹羽芳徳さんである。

あの日、焦りまくっていたわたしたちに「D.I.Y.なんだから、まずは楽しくやるのが一番大事ですよねー」と声をかけてくれた丹羽さん。その言葉は、大工さんという言葉が醸し出す「無口で厳しい」イメージを吹き飛ばし、ああ、あなたについていきます！という気持ちにさせられた。表情、話し方はとても穏やかで、動物にたとえると、なんだろう、やっぱり草を食んでいる馬かな？

丹羽さんならば、きっとこの小屋作りについても惜しみないアドバイスをしてくれるに違いない。メッセージを送ると、予想通りの反応だった。

「小屋を作るんですか。なんだか楽しそうですね！　まずは電話で話しましょう」

いつも通りナナに絵本を三冊読み聞かせ、寝かしつけたあと、電話をかけた。

「わからないことだらけです！」と様々な疑問を手当たり次第にぶつけると、ひとつひとつ丁寧かつ明快に答えてくれた。基礎のことだけではなく、工具の選び方から、木材や断熱材の種類、予算、工事の段取りまで。アドバイスは四方八方にわたった。

なかでも衝撃的だったのは、小屋作業のタイミングとスピード感である。それまでわたしは、自分のペースでじっくりと進めようと思っていたのだが、そう悠長にしていられないようだ。最も重要なのは、屋根をかけるタイミングである。

「壁パネルを立てて屋根をかける作業（建前）は、一気に進めた方がいいです。晴れた日をねらって三日間くらいでやる感じで。屋根がかかっていない状態で雨に降られたら、材料が傷んでしまいますから。日本はとにかく雨が多いんですよ。梅雨はあまり工事ができないし、秋も台風や雨が多いから。梅雨明け直後が屋根をかけるチャンスです」

絶句した。

「……ということは、すぐに基礎工事と壁パネル作りを終わらせないといけないんですか」

「そうなりますね。勝負は、梅雨入り前にどれくらい壁パネル作りを進められるかです」

今は四月半ばだから、梅雨入りまで一ヶ月半。

ひええ！　まだ何の材料も工具も揃っていないのに!?　うわああ！

なんというか、もう「三日後に盛大な晩餐会を開くので、一〇〇人分のフランス料理を作ってください」とか「一週間以内に長編ミステリー小説を書き下ろしてください」と言われたような衝撃だった。

こうなったら進められるところから進めていくしかない、と腹をくくった。

「お話はよーく分かりました。まずはゴールデンウィークには基礎工事をやります！」

そう宣言しながら、さらに不安が募った。だって「基礎」といえば、家の土台である。そこでつまずくと残りの作業全てがドミノ式に失敗するんじゃない？　友人たちも「家の良し悪しは水平で決まるよ」とか「水平のずれは三度以内だって」などという親切なのかお節介なのかわからない具体的なアドバイスをしてくる。いくつかの小屋作りの本を見ても、基礎部分だけは工務店に依頼する人も多いようだ。

そんな不安を感じ取ったのか、丹羽さんは言った。

「心配なら僕も現場に行って教えてあげますよ」

ええ!?　いいんですか？

「家族で小屋作りなんて楽しそうだし、遊びがてら行きますよ」

のんびりとした口調がありがたかった。丹羽さんの自宅は神奈川県の相模原なので、山梨の現場まで一時間弱で来られることも幸運な偶然だった。

電話を切ったわたしは、すぐにマキタの丸ノコと追加でインパクトドライバーを注文した。現場には電源がないので、充電式のものを選んだ。作業の途中で充電が切れてしまうと困るので、容量が大きい六アンペアのバッテリーも二つ準備した。

インパクトドライバーを持っている人は多いだろうけど、丸ノコはそう買わないだろう。ついにここまで来たか。

まだ何ひとつ始まっていないのに、わたしはすっかり悦に入った。

第8章

こどもの日は自家製コンクリートを作ろう

ゴールデンウィークも後半に入った五月四日の朝、川内家の三人を乗せたレンタカーは東名高速道路をひた走っていた。

なにか嫌な予感がしたわたしは、運転席のイオ君に声をかけた。

「ねえねえ、いつもは中央自動車道じゃなかったっけ?」

「そうなんだけど、カーナビの通りに進むとこっちなんだよ」

東京を出発したのは朝一〇時頃で、昼までには山梨県に入っているはずだ。予定としては、一日目は近隣の笛吹川フルーツ公園で遊び、二日目は丹羽さんと基礎打ち作業。レジャーと工事を両立させた見事な計画である。

「カーナビが？　そうなんだ」

カーナビというのは、ときとして渋滞情報を自動的に計算にいれ、思いもよらぬルートを提案したりする。うん、そうにちがいない、連休だもんね。

それにしても、本当に車が多い。一時間半も経つというのにまだ東京を抜けていないではないか。車内には二〇年前に流行した沖縄ソングが流れ「あらさっさー」とイオ君は上機嫌だが、わたしはため息混じりである。ああ、もうお昼までに山梨に着くのは無理だろうなあ。

そのとき、ふと「名古屋方面」というサインを目撃する。え？　名古屋って全然方向が違わないか？　さすがのイオ君も何かがおかしいと直感したようで、慌ててスマホをいじると、「やばい！　フルーツ公園って静岡にもあるみたい！　間違った場所をナビに入れてしまった」と叫んだ。

えーーー!!　なんと、車はまったく見当違いの方角に向かっていた。

イオ君は慌ててハンドルを切り、なんとかギリギリのところで中央自動車道に合流する分岐点に滑り込むことができた。あー、よかった、と思った一〇秒後、今度は車がピタリと止まった。中央道で絶望的なレベルの渋滞が発生しているようだ。

そのとき、探検家・角幡唯介さんの『新・冒険論』が頭に浮かんだ。角幡さんは、GPSや衛星電話を持たずに北極圏への探検を繰り返していて、このとき「極夜」と呼ばれる太陽がのぼらない暗黒の北極の旅から生還したばかりだった。著書の中で彼は、現代人がスマホやカーナビなどの各種「システム」に依存しきっていて、ナビゲーション感覚などの動物的本能を失っていると警鐘を鳴らしていた。

「角幡さんが言う通りだね！　システム（カーナビ）に依存してるからこうなるんだよね。脱システムしなきゃ。それにしても、まだ挽回できる場所にいてよかったよね！」

そう声をかけると、イオ君はなにやら感動している様子だ。

「すごい！　俺がこんな致命的なミスをしたのに、まるで怒らないなんて、今日改めてあっちゃんの優しさが分かったよ」

え、いまごろわかったの？

それでも、肉体の方は限界に近かった。なにしろ、もう三時間も飲まず食わずで耐えているにもかかわらず、まだ八王子付近にいるのだ。

ナナはまだトイレトレーニング中で車ではオムツをしていたので、トイレの心配はなかったが、当然、腹は減る。しかも幼児というのはいったん腹が減ったら最後、いきなり飢餓状態に陥っている。

「ねえ、パパ！　いつ、つくのー！　おなかすいたあああ!!」とナナは急にキレ気味に叫んだ。

車内の不穏な雰囲気に気圧されたイオ君は、後先考えずに八王子ＩＣで高速道路を降り、街道沿いに見つけたファミレスに入った。そのあとは近くのショッピングモールに寄り、ブラブラしたり、お茶を飲んだりしながら渋滞情報をチェック。出発できるタイミングを窺っていたが、なんと渋滞はますます長くなっている。おそるべし黄金週間。いや、こうなるとただどよーんとした灰色週間である。

夕暮れが近くなると、さすがに少しでも山梨県に接近しておかねばと思った。なにしろ明日の朝一番には丹羽さんが現場に来てしまう。

「こうなったら一般道で前進しよう」と決意を新たにして車に乗り込む。うねうねとした山道を二時間も進むと、ようやく塩山の手前の街、大月に差し掛かった。

二時間、ナナはひたすら一人でおしゃべりを続けていた。

「ねえ、ママ、ホテルのへやは、なんかいいかな。ねえ、おへやが、なんかいかあてよう。ナナはねー、じゅっかいだとおもう。ナナ、あたりー、ナナ、ちゃんぴおん、かちー！」

ナナは本当におしゃべり好きな子に成長していて、その会話には、しばしば、「ワオキツネザルの赤ちゃん」が登場する。

「あのねえ、ナナねえ、まえねえ、ワオキツネザルのあかちゃんとあそびにいったんだよ。それでねえ、ワオキツネザルがねえ……」

突拍子もない内容だが、どうやら子どもだけが見えるというイマジナリーフレンドらしい。しかし、ワオキツネザルなどというマニアックな動物をいつどこで知ったのだろう？　他にも色々イマジナリーフレンドはいて、その代表が「ハチ」という名の架空の妹である。「いまハチが来てママの膝にのってるよ」などというので、わたしは「ハチ、よく来たねー」とそのイマジネーションに付き合った。三歳のナナはまだファンタジーのなかで生きている。

ホテルにチェックインできたのは、夜九時。なんという長旅だったのだろう。ナナは完全に力尽きて車中で寝てしまったので、抱っこで部屋に入り、ベッドに移した。わたしもすぐにベッドに横になった。

指しゃぶりをしたまま寝てしまったナナのあどけない顔をしばらく眺めていた。すうと息を吸って、吐く。また吸って、吐くその繰り返しを見ていると、ああ、今日もこの人はちゃんと生きている、よかったなあと思う。真剣にそう思うのだ。結婚してもなかなか子どもができず、不妊治療に踏み切って二年後に妊娠。その間も妊娠を継続できない可能性を指摘されながら、ようやく出産に到達した。生まれてきたとき、ただこの子が生きているだけで嬉しかった。そういう切実で輝くような感動は日常のなかで薄れていくのかと思ったけれども、まったく薄れなかった。この人がただ生きている。それだけで、とても嬉しい。そんな大袈裟な、と思うかもしれないが、本当なのである。

そんなわたしだからナナの寝顔はこの世で一番好きなもののひとつだ。寝顔を見ながら酒を飲んだら最高だなと思うのだが、決行したことはまだない。イオ君は、そんなわたしの心のうちも知らず、携帯でゾンビドラマの『ウォーキング・デッド』を見ていた。

あー、疲れた、さっさと寝ようと目を瞑った途端、急に息が浅くなり、心臓がドキドキしてきた。

明日ついに小屋作りが始まるんだ……。

あ、この感じ、知ってる、と思った。そうだ、外国へ移り住む直前に感じた、落ち着かない気分に似ていた。

二〇年以上前、二二歳のときにひとりでアメリカに片道切符で出発する前夜、極度の緊張の中で自問自答し続けていた。この先に何が待っているんだろう？　本当に行くべきなのだろうか？　何かとてつもなく間違った道に行こうとしてないか？

自分が長らく望んでいたことなのに、いざ現実になると思うと急に踵を返して逃げたくなった。人間ってなんてややこしい生き物なのだろう。世の中には、マリッジブルーはもとより、好きな人と接近すると急に嫌悪感を覚える蛙化現象というのもあるらしい。これもあれも、そういったアンビバレントな心理だろうか。

小屋？　本当に作るの？　なんのためだっけ？　本当にいいの？　わたしは何に足を踏み込もうとしてる？

そうだ、別に小屋なんか作らなくても楽しく生きていけるはずだ。たまに旅行にいって、いい空気吸ったり、山を歩いたりすればいい。なんだったら、その時間とお金を使ってアルプスのおじいさんの故郷にだって行けるだろう。

そうだ、いまならまだ引き返せる――。

「ねえ、ちょっとだけいい？」

イオ君に話しかけると、ドラマから目を離し、「ん、なに？」と顔を向けた。

「ねえ、わたしたちがやろうとしていることって、本当にいいこと？　小屋が建ったら本当にナナは喜んでくれるかなあ？」

いまさらだけど、確認せずにはいられなかった。

「どうしたの？」とイオ君はキョトンとしている。

「急に不安になっちゃった」

イオ君は、なんだ、そんなことか、と呆れたような表情になった。

「いいに決まってるじゃん」

「いや、自分でもよく分からないんだけど迷っちゃって。これから時間もお金もエネルギーもかかる、家族全員が巻き込まれるプロジェクトを始めるわけじゃない？　何十回も山梨に通わないといけなくなるし、いったん始めたらもう後には引けないでしょう。今日のうちに改めてイオ君の考えを聞いておきたいなと思って」

結婚してちょうど一〇年。だから、彼がなんと答えるのかは分かっていた。

「俺はすごくいいアイディアだと思うし、楽しみだよ。きっとナナも喜ぶし、大丈夫」

シンプルな答え。やっぱりそう。これがイオ君という人だった。

彼がスペインでサッカーライターをしていた頃、貯金も仕事もマトモな部屋もないという崖っぷちな日々だったのに、暗い表情は一切見せなかった。その後、サッカーライターとしてある程度稼げるようになったわけだが、それもリセットして二〇一〇年に日本に帰国し、再びなにもない状態から生活を立ち上げた。彼はいつも未来に対して楽観的なのである。

一方のわたしは、イオ君に比べると少しだけリアリストで、不安を感じるといろいろと相談し、彼の「きっと大丈夫だよ」というブレない一言を聞きたくなる。今日も同じだった。

「うん、そうだね。ありがとう、ちょっと聞いてみたかっただけ」

彼はまたゾンビドラマの世界に戻っていった。

「おやすみー」と布団の中から声をかけると、彼は携帯の画面から目を離さないまま「おやすみー」と応えた。

このときには口にしなかったが、実はもうひとつ不安なことがあった。

それは、ほかならぬイオ君のことだ。

明日は、実質イオ君のデビュー戦である。イオ君は、実家の床張りにも参加しなかった。その後の草刈りや整地にも来ていない。小屋の設計のときも「滑り台やブランコが欲しいな」と言うくらいで、ほとんど口をはさまなかった。いままでの彼の活躍といえば、土地を見つけてきてくれたことくらいだ（実に大きな貢献だけど）。要するに、彼は小屋作りに協力的ではあるのだけれど、手を動かす実際の作業に関しては、興味が限りなくゼロに見えた。ただし、明日以降は好むと好まざると、彼もやるしかない。本当に喜んで参加してくれるのだろうか？

イオ君がデビュー戦を楽しめるかどうかは、今後のプロジェクトの命運を左右するだろう。だから、わたしとしては、絶対に、もう是が非でもイオ君に楽しんでもらいたいと願うわけだが、そればかりは蓋を開けてみないと分からない。

＊

翌朝は快晴で、五月らしい清やかな風が吹いていた。

絶好の小屋作り日和になりそうだ。

ホームセンターで大工の丹羽さんを待っていると、「ああ、どうもー」とゆったりと現れた。世の中にはいるだけで安心感を与える人というのがいるのだけれど、丹羽さんは間違いなくそのひとりだ。昨夜の緊張感が、すーっと消えていく。

「ねえ、きょうはなにしてあそぶの？」とナナが聞く。

「今日はねえ、ナナのおうちをみんなで作るんだよ！」

「えー、やったあ！　ナナのおうち、つくろう！　つくろう！」

「ナナもいろいろ手伝ってね」

「うん！」

購入するものは、生セメント、砂利、砂、束石、そして指先に滑り止めがついたプロっぽい軍手と長靴もカゴに入れた。会計額は九〇〇〇円。

さっそく現場に着くと、イオ君はナナのためにテントを張り、お砂場セットなどの遊び道具を出した。ナナには「手伝ってね」とは言ったものの、幼児ができることはあまりないかもしれない。とりあえず飽きるまではここを公園がわりにして楽しんでもらうしかない。

基礎工事に関しての丹羽さんのオススメは、束石の真下に五〇センチ四方くらいの型枠を入れ、その中にコンクリートを流し込むことだった。この土地は土がふわふわと軟らかい。そのため、ほんの少しだけでもコンクリートで足元を固めておくと安心らしい。

しかし、コンクリートなんて自力で作れるのかな。

「大量じゃなければ自分でもできますよ。そんなに難しくないです」

え、そうなんだ。というわけで、チャレンジするのは以下の作業である。

①正確な小屋の位置を決めて、ロープを張る（地縄張り）。
②小屋が建つ場所の周囲に杭を打ち、水平をとる（水盛り・遣り方）。
③基礎を置く場所に穴を掘る（六ヶ所）。
④コンクリートを練る。
⑤穴にコンクリートを流し込む。

ヒラク君がいる場で小屋の位置を決めたかったけど、彼はヨーロッパに出張中だったので独断で決めるしかない。基礎を打ったあとはもう簡単に位置を変えられないから自ずと慎重になった。ウッドデッキの大きさをシミュレーションし、最終的にはコンテナから四メートル離れた場所に決めた。

丹羽さんがチョークのような黄色い粉で場所をマークしてゆく。

「おお、なるほどー！」とイオ君が感心の声をあげる。これならば草がもしゃもしゃと生えている場所でも簡単にマークできる。

ナナは、最近のブームであるバケツの中にアリを集めるという遊びを開始した。草が生い茂っているので、「ありさん、みえないー」と戸惑っている。近所の公園とは勝手が違うようだ。

「ほら、ここらへんにいるよ」

イオ君が教えてあげると、ナナは小さな手をさっと出した。しかし、山梨のアリは東京の公園のものよりも大きくすばしこい。捕まえようとしても、チョロチョロと指の間をすり抜けてゆく。

「パパ！　つかまえて！　はやく！」

イオ君が何匹か捕まえ、ナナの手に乗せると、あわててバケツの中に放り込んだ。パニックになったアリたちは、バケツの中で盛大に暴れ始めた。

「ありさん、けんかしてるよー！　みてー」

なぜ子供は虫を捕まえることが好きなのだろうか。人類が狩猟採集をしていた時代の名残だろうか。わたしも昔はトンボを捕まえることに熱中していた記憶があるけれど、今は虫を手で掴むことはない。大人になるというのは、身の回りのことができるようになることだが、実は一部の能力や感性を失うことでもある。

小屋の位置を決めると、地面にロープを張ってゆく。地縄張りという作業で、コーナーで直角を出すことにより、建物の歪みを防ぐ（一一三ページ図）。はるか昔に習ったピタゴラスの定理によれば、直角が出ていれば四辺の寸法が図面通りになるはずだ。

「念のため対角線の長さもチェックしましょう」と丹羽さんがロープを取り出す。二つが同じ長さになっていれば正解だ。

「あれ、なんかちょっと違うなあ」

何回か調整すると、だいたい同じ長さになった。

次に地面に張ったロープから一メートルほど離れた場所に、木の杭を打ち込んでゆく。腕力を要するので、「イオ君、交代しよう！」と声をかけると「オッケー！」と立ち上がり、軽快に杭を打ち始めた。


ここまではかなり順調。次は「水盛り・遣り方」である。

大昔は、文字どおり長いホースに水を通して、その両側の水位から水平を確かめたそうだ。いまでもD.I.Y.の現場ではこの方法で「水盛り・遣り方」を行うこともあるようだが、現代ではレーザー水準器なる文明の利器があり、簡単に水平を確認することができる。しかし、レーザー水準器は赤外線を使うため、屋外では夜間しか使うことができない。そこで今回は、丹羽さんがひと昔前に使っていたというマニュアル式の水準器を持ってきてくれていた。

「昭和の時代の器械です。手間はかかるんだけど、ちゃんと水平はとれるんですよ」

昔のカメラのような構造で、レンズと覗き穴がある。それを三脚にセットすると準備完了で、ふたりひと組みの作業が始まる。

わたしが器械のレンズを覗くと、レンズの中央には印が付いている。その印をレンズの向こう側にある杭に合わせる。向こうでは丹羽さんが杭に指を当ててスタンバイ。

「もう少し上、いや、一センチ下」とわたしがレンズの印に合う場所の指示を口頭で送り、丹羽さんの指と印がぴったりと合う場所で杭に印を付けてもらう。これを全ての杭で繰り返すと、同じ高さに印が付き、水平が出た状態だ。

しかし、そこで終わりではない。

杭の印に合わせて、今度は貫板を水平に張っていく。この水平基準を満たした仮設物は、よく「水」をつけて呼ばれ、水平がとれた貫板は水貫とも呼ばれる。それを終えると、今度は貫板に糸（水糸）をひっかけ、地縄張りで張っておいたロープを目印に、空中で小屋の形を出していく。これが、後で基礎を打つときに大いに役に立つ。……などと詳細に手順を書いてみたものの、文章にすると大変に分かりづらい（一一五ページ図）。

そんなわたしたちの様子を近所の人たちが物珍しそうに眺めていく。五歳くらいの女の子も、「ねえ、ねえ、なにをしてるの？」と興味津々で近づいてくる。

「あのね！　ナナのおうちつくってるんだよー」とナナは自慢げに言う。

「へえー」と、その子はずんずんと敷地のなかに入ってきた。

地縄張り

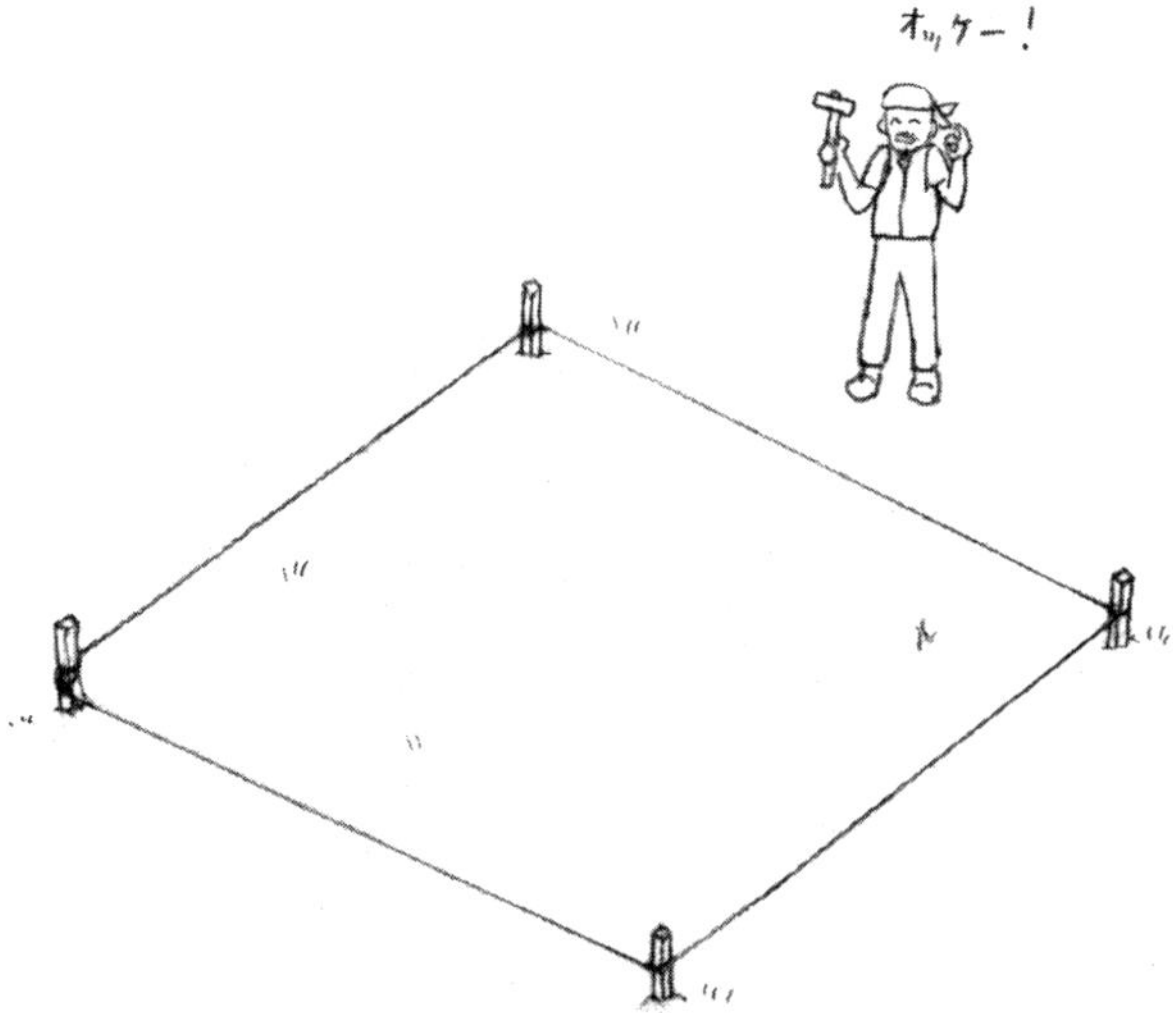

これで 建物の歪みを防ぐ
四隅が直角で、
対角線の長さが 同じなら
作業完了！

ナナは「一緒に遊ぼう！」と歓迎し、ふたりは以前から仲良しだったかのように遊び始めた。水平を取るのに忙しい我々にとって、ありがたい展開だ。

一二時になったので、みんなでコンビニのおにぎりを食べた。

「ほんとはお昼前に穴を掘り始めたかったんですけどねー！　まあなんとかなるでしょう」

と丹羽さんがのんびりとした口調で言う。

広い空をうっすらと雲が移動してゆく。昼寝したいようなうららかな陽気だけど、そうも言っていられない。次は基礎を埋め込むための穴掘りである。

直径五〇センチほどの穴を計六ヶ所掘る。ちょっとヘビーな作業なので、イオ君とわたしのふたりで手分けして進める。ナナにも「ママとパパのお手伝いして」と声をかけると「うん、わかった！！！」とはりきっておもちゃのスコップを取り出した。

「どこ？　ここらへん？」

「そうそう」（わたし）

「ねえ、ナナ、じょうず？」

「うん、すごく上手だよ」

ナナはそもそも「お手伝い」が大好きだ。家でも「ねえ、おてつだいがしたいー！」と泣きながら訴えてくることもある。そういうときは、せっかくなので、切った野菜を鍋に入れたり、お豆腐をお皿に移したりしてもらっている。洗濯物を仕分けするのもナナが好きな作

遣り方

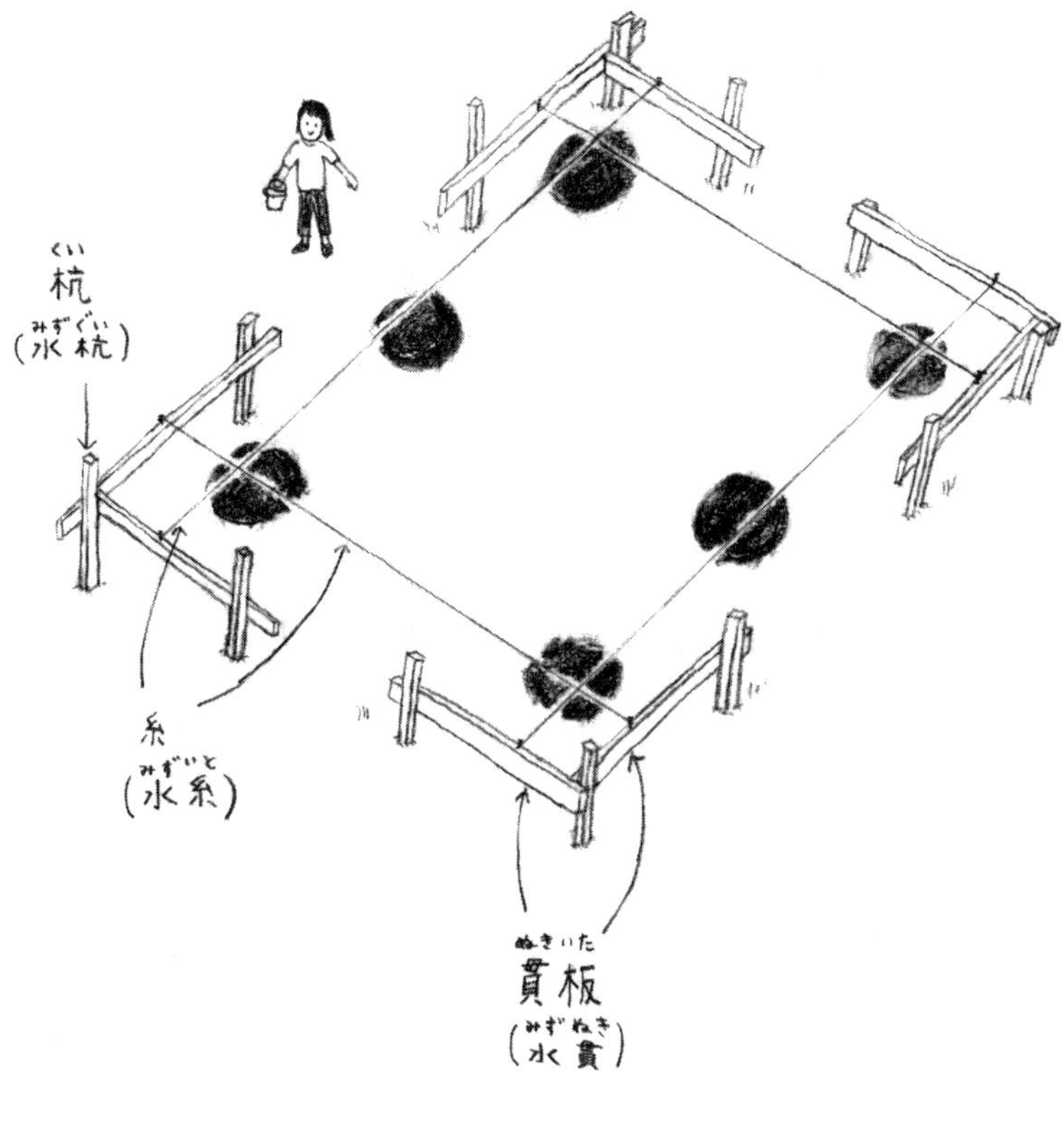

空中で小屋の形を出していく

業だ。「これ、パパのー、これタオル！」と言いながらせっせと分けていく。もちろんわたしがやる方が早いけれど、一緒にできることがあるのは嬉しい。それに、こうしているうちにいつかは本物の戦力になるかもしれないし。

思えばわたしが子供の頃は、母の手伝いは恐怖でしかなかった。あの頃の母は、『アルプスの少女ハイジ』のロッテンマイヤーばりに厳しく、頼まれた家事がうまくできないと「なんでこんな簡単なこともできないの！」と強い口調で叱られた。たぶん全方位的に器用な母には、わたしが雑に作業しているようにしか見えなかったのだろう。あれ、これがもしかしたらコンプレックスの原因か？　そうかもしれない。

とにかく、あの体験をいまは反面教師にしている。どんなにナナのやり方が間違っていようが、下手くそだろうが、否定したり、叱ったりしないようにしている。

イオ君は盛大に汗をかきながら、わっせわっせと穴を掘り続け、一時間ほどかけて六ヶ所の穴を掘り終えた。

午後一時半頃には、自家製コンクリート作りという最終ステージに入った。用意するものは砂、水、砂利、セメント。これらが入った重い袋を並べてみると、とたんに工事現場感が漂う。

「材料の配合で強度が決まります。石に近づけるには砂利を増やすこと。逆に砂利を入れないで、砂と水とセメントだけで練るとモルタルになって、強度はそんなに出ないんです」

なるほど、モルタルもコンクリートの親戚なのだ。

バケツで水を運び、砂、砂利、セメントをブレンドしていく。

「よし、かき混ぜてください！」との丹羽さんの一声で、イオ君が再び登場。棒で混ぜ始めると、驚きの声をあげた。

「うおー、なんだこりゃ。きつい！　腕がむちゃくちゃつかれる！」

その間に、わたしは木材をカットして四角い木枠を作り、掘った穴の中にセット。この木枠の中にコンクリートを注ぎこむのだ。できあがったコンクリートをイオ君が木枠に注ぎこんだあとは、コテで平らにならす。コンクリートの中にたまった空気を押し出すと、水気がじわじわと出てきて、表面が平らになっていく。

「ナナもやりたーい！　おてつだいしたーい！」

「いいよ、どうぞ、どうぞ！」

ナナにコテを渡すと、見よう見まねでペタペタとならし始めた。

「ねえー、なんかい、やるのー？」

「あと二〇回！」

「いち、に、さん」と真剣に数えて「にじゅっかいできたよー」。

三歳にしてコンクリート作りデビューである。

「保育園のお友だちにもきっと自慢できるよ。コンクリート作ったって」

「ねえ、まだおうちできないの。ゆうぐれになっちゃうよ」

「いや、そんなに早くはできないんだよ。これから少しずつ作るの」

「えー、つまんない」

最近のナナはなぜだか「つまんない」が口癖だった。なんでもかんでも「つまんない」と言われるのでこっちはムッとするが、ボキャブラリーがまだ少ないのであろう。

一時間ほどかけて、六ヶ所全てにコンクリートを入れてならし終えると、改めて水平かどうかを確認する。

「だいたい水平ですね」という丹羽さんの一声で基礎作業はめでたく終了。

おめでとう、川内家！

「いやあ、ここまできたね、よかった！」とわたしは達成感で喜びの声をあげた。

「ねえ、よくないよ。まだナナのおうちできてないよ！　つまんない」とナナだけが不満を訴え続けていた。


やれやれ帰ろうかと思ったそのとき、ふと帰りの道は渋滞してないだろうかという不安が頭をよぎった。今日は五月五日で、連休最終日ではないけど、もしかしたら早めに東京に帰る人もいるのかも。念のため情報をチェック……。

「げげ！　中央道渋滞二六キロだって」とイオ君が声をあげた。

ま、まじか……。

今日帰ることを断念し近所の温泉宿に電話をかけてみると、一部屋だけ空いていた。ホッとしたけれど、昨日から計画外のことばかりだ。
ちょうどそこにさっきの女の子が戻って来て、「ねえ、ナナちゃん、うちに遊びにおいでよ」と誘ってくれる。ご両親も、「ぜひ、どうぞー！」と声をかけてくれるので、お言葉に甘えて「少しだけ行っておいで」と送り出す。
道具を片付けてナナの様子をみにいくと、ちゃぶ台でおやつをご馳走になっていた。うわあ、ありがとうございます！　と言うと、「これ持っていきなー」とおばあちゃんが、お赤飯で作ったおにぎりを持たせてくれた。森の中ではなく、集落の中にいる良さは、こういうところなのかもしれない。

予約した温泉宿にチェックイン。大人ひとり一万円で計二万円。前日もホテルに宿泊したので、それと合わせると初回からかなりの出費である。こうなったら少しでもモトをとろうと、温泉で腕や足をいじましくマッサージする。イオ君は「手が超だるい！」と言いながら、さっそく自分のFacebookページに今日の様子をアップしていた。

ついに、山梨で小屋作りがスタート！　大工の丹羽さんの獅子奮迅の大活躍により、実働六時間ほどで小屋の基礎を作ることができた！　僕は今日、水と砂とセメントを混ぜた状態のものをモルタル、モルタルに砂利を混ぜるとコンクリートになること、そしてバケツでコンクリートを作れること、コンクリート作りがめちゃくちゃハードなことを

一初めて知ったのであった。

それを読んで、楽しんだんだ、よかったと安堵した。隣で眠りこけているナナの顔を見ているうちに思い出した。そうだ、今日は「こどもの日」だっけ。ずいぶん思い出に残るこどもの日になったなと思った。

第9章

壁は一夜にしてならず

いやあ、壁だよね、壁。考えただけでうっとりする。だって、壁は家作りのハイライトである。そもそも壁がなかったら、「家」にはならない。

人類で最初に「壁とともに生きます」と決意した人は誰だろう。それが誰にせよ、その人はすごい。だってその新発想が人類に大きなライフスタイルの変化をもたらしたのだ。古今東西、先史時代の人々の住処といえば洞穴や岩棚が主流であった。それが、木や葉っぱ、動物の毛皮や土、雪などで屋根や壁を作ろうと思いついた誰かのおかげで、人類は好きな場所に家を建て、移動し、別の場所に定住し、農耕し、船を作り、城を建て、産業革命やら西部開拓やらグローバル化やらその他諸々のことが起こり、いまに至る。

というわけで、「壁作り」と人類の歴史は切っても切り離せない。そんな人類の象徴ともいえる「壁」をわたしたちは作るのであります。予定としては、五月、六月の二ヶ月以内に壁パネル作りを終え、七月には「いざ、建前！」というところまで持ち込みたい。

どんな壁かというと、だいたい以下のような感じだ（左図）。

用意する材料は厚さ一二ミリの合板とツーバイフォー材（以下「ツーバイ材」）。ツーバイ材とはアメリカの規格材で、サイズは厚さ三八ミリ、幅八九ミリである。メイド・イン・USAなので、長さ表示も「フィート」（一フィートは約三〇センチ）が使われる。ツーバイフォー工法ではこの規格の木材をあちこちに多用する。この木材と合板を図のように組み合わせると、厚さ約一〇センチの壁パネルができあがる。縦に走る三本のツーバイ材が柱のような役割を果たし、また同時に横に走る木材が重みを分散し、屋根をがっしりと支える。

今回は、こういった壁パネルを一四枚作る。ただし、大きさや形はひとつも同じではなく、大きいものだと長辺が三メートル以上になる計算だ。誤ったサイズで作ってしまうと、きちんと組み立てられないので注意が必要である。

第7章にも書いたが、今回の小屋は壁パネルがそのまま建物を支える構造になる。柱を立てない分、壁の強さがそのまま建物の強度を決定するので、しっかり製作せねばならない。

必要な材料の数は、合板が二六枚。ツーバイ材が六〇本。各種ビス。あとは土台を作るための太い木材（ツーバイエイト）が一一本である。用意周到なことにわたしは、周辺で一番大きなホームセンターに事前に電話をかけ、これらの取り扱いがあることをしっかりと確認

壁パネル

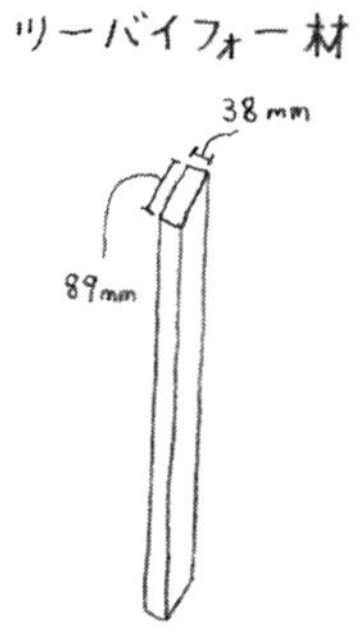

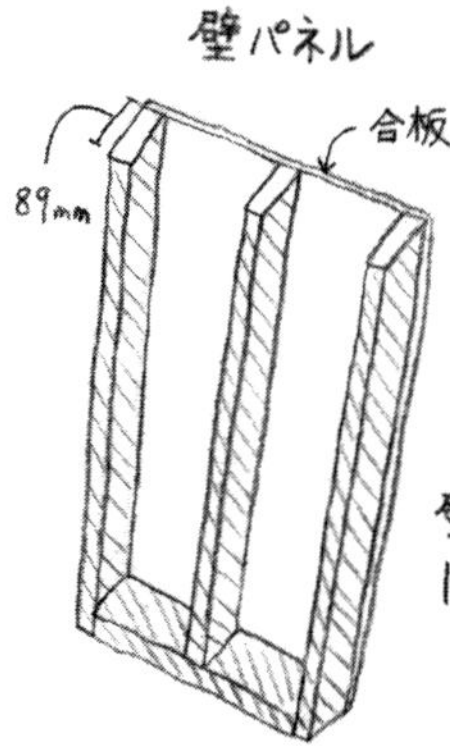

壁パネルは
14枚必要

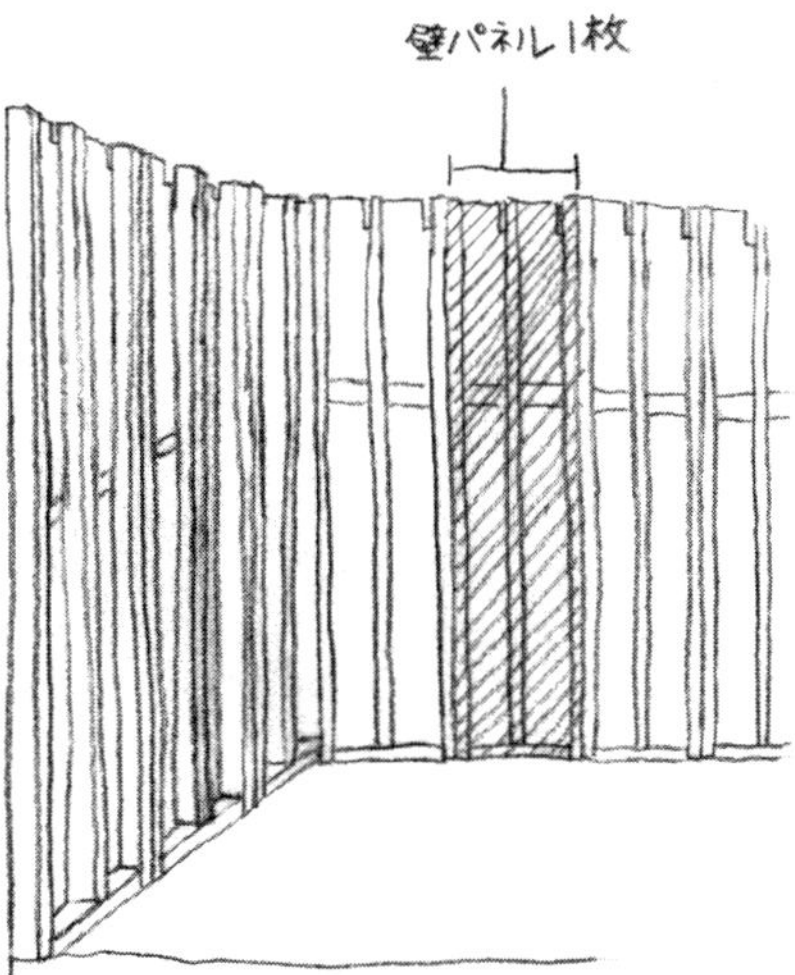

予定の材料

ツーバイ材 60本
合板 26枚
各種ビス
土台用木材 11本

していた。

ナナは、ホームセンターに着くなりキョロキョロとあたりを見回し、大発見をしたかのように言った。

「あ！　ここ、まえにみんなできたよね！」

わたしはナナの頭をグリグリとなでた。

「そうそう、よく覚えてたね。これから何度もくるよ」

ナナはこのグリグリが大好きで、「ねえ、ママ、あたまぐりぐりして」とよく言う。いいよ、いくらでもグリグリするよ！

「えーと、まず何を買うんだっけ？」

イオ君は、尋ねた。

「ええと、まずは小屋の土台に使う木材。防腐剤注入のツーバイエイト。長さ一二フィートを一一本」

「ふーん、ツーバイエイトね。で、長さはなんだって？」

「だから、一二フィートだってば」

ちなみにツーバイエイトは、厚さ三八ミリで幅が一八四ミリ、一二フィートは約三・六メートルである。プロの人たちは、その名称を聞いただけでどんな太さの材料かが瞬時に分かるが、わたしのようなズブの素人には誠に分かりにくい。要するに、ぶ厚くてとても長い板である。

えーと、ツーバイエイト、どこだろう。三人で木材コーナーを歩き回った。

「お、あった、これだ」

「よし、買おう！」


しかし、そこには一本しか在庫がなかった。

ややや、どういうこと？

店員さんに問い合わせると、「在庫、ないっすねー。次回の入荷も未定ですねー。入ってくるときにどばっと入ってくるんで」と曖昧かつやる気ゼロな答えが返ってきた。

なんとなんと。事前に取り扱いがあるかどうかまでは調べていたが、在庫の本数までは調べていなかった。げっ、そんな落とし穴があるなんて。

あわてて別のホームセンター二軒に電話をかけたが、どこも「取り扱いはありません」とつれない答えだ。

その一方で、やや細めのツーバイシックス（三八ミリ×一四〇ミリ）はたくさん在庫があった。

「どうする？」とわたしたちは見つめあった。お互いに頼りないことこの上ないが、他に頼れる人もいない。根が適当なふたりなので、「きっと大丈夫だろう」とすぐに方針を転換し、土台はツーバイシックスでいく、ということになった。

大工の丹羽さんからは、事前に「木材を買うときの注意点」をメールで受け取っていた。

そこには、「木材の〝そり〟はOKだけど、〝ねじれ〟はダメです。ねじれがあると使えないので、無理に買わない方がいいです。次回の入荷を待つくらいの気持ちで」とあった（左図）。

わたしたちは、ねじれをチェックした上で、まっすぐなツーバイシックスを五本買った。必要数には足りないが、しかたがない。明日また来てみるかな。いや、コンビニじゃあるまいし、毎日は在庫が補充されないのかも。

さらに、合板二六枚も購入。その他の細々した道具類を合わせ、会計は約五万円。本当は壁パネル用のツーバイ材も買う予定だったが、三・六メートルもあるツーバイシックスと二六枚の合板をトラックに積み込むだけでヘトヘトになり、残りはまた明日の朝に買いにこようということになった。

その晩は小倉家に泊めてもらった。これまでは近隣の温泉宿やホテルに泊まっていたが、毎回そのような贅沢をしていたら、小屋が建つ前に家の財政が破綻してしまう。

例の公募に出した本の印税が入ってくるのは、早くても数ヶ月後である。いや、それも希望的観測にすぎず、正確に言えば原稿が本になるのかも未定だった。民ちゃんは、「猫にエサをやってくれれば自分たちがいないときも泊まっていいよ」という並々ならぬ懐の深さで我々を包んでくれた。

さて、翌朝九時前には建築家のタクちゃんも塩山に登場。わたしが初めて壁パネルを作る

木材について

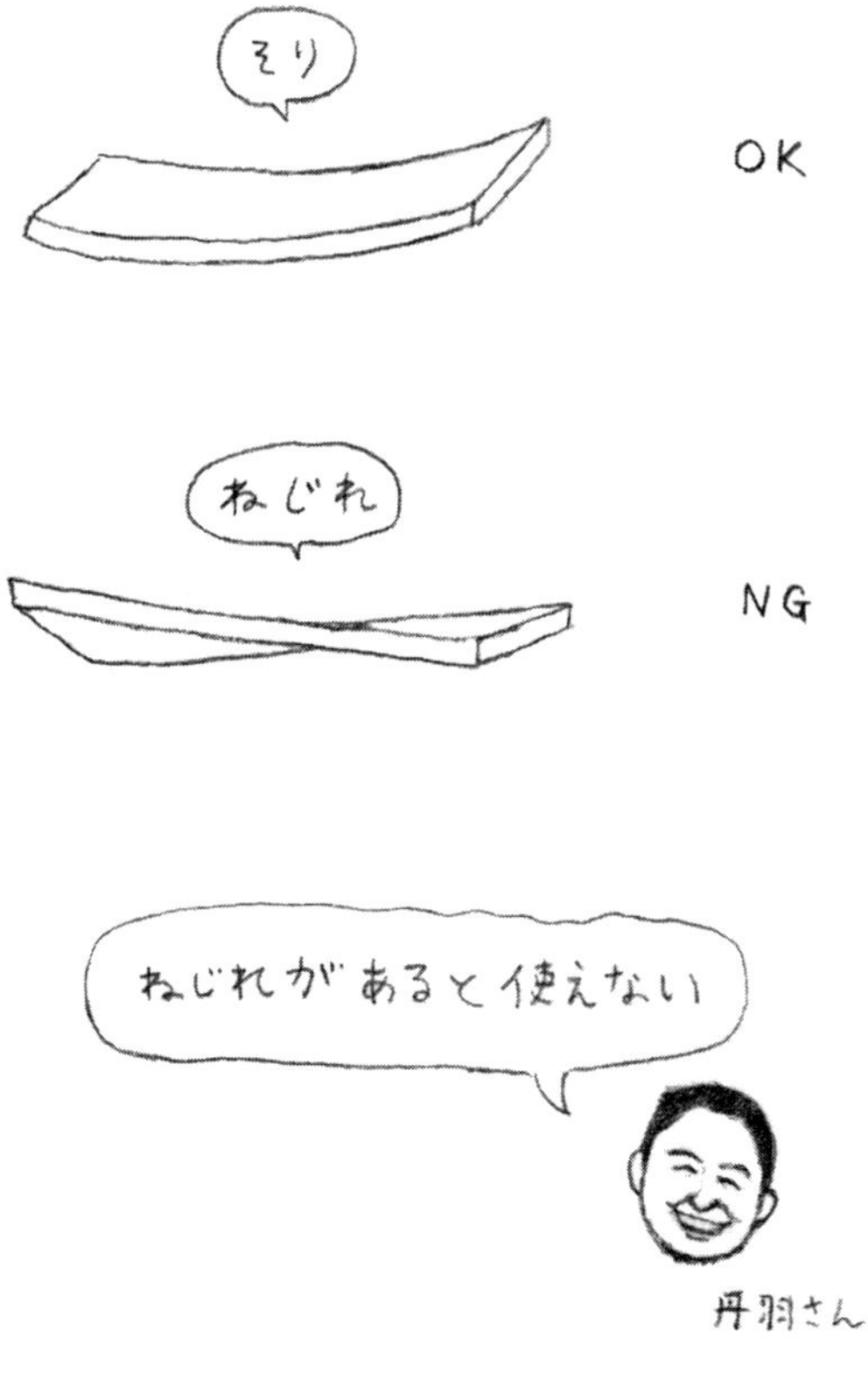

という話を聞いて、いてもたってもいられなくなったとか。

「今日はがんばりましょう！」と気合がみなぎっている。

その一方で、わたしのほうは必要な材料を揃えておくという最低限の宿題もクリアしていなかったので再びホームセンターへ。しかし、その日も木材は入荷されておらず、買えたのはツーバイ材が六本だけ。このままいくと今日作れる壁は二枚だけである。いやはや、材料を揃えるだけでひと苦労なんて、どの本にも書いていなかったよ。

「ええい、今日はトライアルってことで壁パネルは二枚作れればいいか」と開きなおった。


いよいよスタートという場面で、さらなる不測の事態が発生した。なぜか丸ノコの電源が入らない。どうやらバッテリーが切れているようだ。あわててインパクトドライバーの充電器を取り出して充電しようとしたが、バッテリーと充電器の形があわない。ん？　なぜ？　あんたたちマキタ同士なんだから、大丈夫なはずだよね？　と信じながら調べてみると、どうやら、丸ノコには別の充電器が必要らしい。我ながらマヌケすぎるミステイク。

タクちゃんは、「うーん、なるほど！　丸ノコが使えない。なるほど、なるほど」と冷静を装いながらも、わたしの思い込みが生み出したカフカ的不条理に動揺しているのが見てとれた。丸ノコが使えないと材料がカットできない、イコール何もできない。

「どうしよう、ごめん」

せっかくだから、なんとしてでも今日のうちに壁作りの一歩を踏み出したい。その熱い思いだけはわたしとタクちゃんで共有していた。幸いにして、ツーバイ材は手鋸でも切れるので、「もう手鋸を駆使して作業を突き進もう！」と意見が一致。しかし、問題は合板の方である。

「合板はさすがにノコギリでは切れません」

タクちゃんは、安っぽいドラマの中で「ご臨終です」と言う医師のような口調で告げた。何もしていないのに、もう今日の作業が終わった……。チーン。

イオ君はそんな状況も知らず、子どもたちのためにハンモックを組み立てていた。「ほら！　乗ってごらん」と彼が言うと、もっちゃんもナナもわーっと飛びこんでいった。

「ブランコー！」

「もっちゃんものるー！」

そのとき、ふとホームセンターには木材のカットサービスがあることを思い出した。そうだ、ホームセンターで切ってもらえばいいんだ！　そう思いつくと、ぱあああ、と視界が明るくひらけた。合板はすでに必要な枚数を買ってあったけど、そんなの関係ない。

「イオ君！　ちょっと頼む！　ホームセンターに行ってきて」

「は？」

問答無用でイオ君にお使いを頼む。昨日から三度目のホームセンターにして、再び往復三〇分。非効率なこと極まりないが、何もできないよりはマシだ。わたしはむしろ自分の臨機応変さを心のなかで褒め称えた。

その間にわたしとタクちゃんはツーバイ材のカット作業を進める。差金を使ってなるべく正確に墨付けをして、手鋸を構えてギコギコと切る。工房ではほとんど手鋸を使ったことがないのでお世辞にも綺麗に切れているとはいい難いけど、やるしかない。

子どもたちは一緒にハンモックに乗ってきゃっきゃと喜んだかと思いきや、「ねえ、わたし、おちそう」「せまいー」「どいてー！」「やだー」「ずるいよ」などと喧嘩モードになった。

イオ君が戻ってくると、「ねえねえ、一緒にやろう！」と声をかけた。すると、「いや、俺は大丈夫！　子どもたちと遊んでる」と消極的な態度である。

「いや、大丈夫とかじゃなくて、壁作りを覚えてもらいたいの。わたしだけじゃ不安だから」

「ああ、そういうことか」

イオ君は手鋸もインパクトも初めてだったものの、すぐに使い方を呑み込んだ。

「それでは、みなさん、それぞれの持ち場に集中しましょう！」とタクちゃんが棟梁の如く言う。イオ君が鋸でカット、わたしとタクちゃんがビスで止めてゆくという流れ作業を開始した。蒸し暑く、材料がどれもずっしりと重いので、全身が汗だくである。

そうやって、三時間ほどの作業で二枚の壁パネルを作ることに成功した。高さ二四〇センチもあるそれなりに巨大な壁なので、一人で持つことはできず、「一、二、三！」の掛け声で、なんとか移動させた。

し込んだ。

「いやーうまくいったねー！」

わたしたちは、熱中症対策の塩キャンディをなめ、ぬるくなったポカリスエットを口に流し込んだ。

こうして、初の壁作りは紆余曲折ありながらも、なかなか順調に進んだかに見えたのだが、数日後には衝撃的な事実が発覚した。作り終えた壁パネルの写真を丹羽さんに送ると、それを見ておっとりとした口調でこう言ったのだ。

「あー、違いますね。ほら、ここの部分が、これこれこうこうしたほうがより強度が上がって、あと使うビスの種類は云々……（以下略）」

どうも作り方が根本的に間違っていたようなのだ。

ああ……と全身から力が抜けた。あの暑い日差しのなか、わたしたちのあの努力はなんだったの、バカバカ、と夕日に向かって石を蹴りたくなるが、そんなことをしても壁パネルが修正されるわけでもないので、本当にアホみたいだが、次の週末にまた塩山へ。

土曜日だというのに、朝六時前に起床した。三〇分後には家を出なければならない。普段はだらだらするのが好きな川内家だが、このときばかりは全員がキビキビと動く。

「ナナ、今日は自分で着替えてごらん！　そこに服が出してあるよ！」

わたしの気合いに驚いたのか、ナナはせっせと服を着替えた。

「お、すごいぞ！」

「うん。ナナ、ちゃんときがえられるよ」

「次はくつ！　はいてごらん」

「うん」

うおっ。いままでだったら、「ヤダ！」「ひとりじゃできない」を連発する場面である。わ、もしかして、三歳七ヶ月にして、「イヤイヤ期」が終わったのかも？

特急電車のなかで再びタクちゃんと合流。

「おはようございます！　頑張りましょう！」

今日もポジティブオーラが全開だ。車中の時間も有効活用しようと「今日の作業をみんなで確認しましょう！」と、図面やメモが書かれたノートを広げた。

「オッケー、でも先に朝ごはんを食べない？」とわたしはサンドイッチを差し出した。


現地に到着するなり、前回作った二枚をバラす。一日かけた苦労の結晶だが、バラすのは三分もかからない。

今回はちゃんと丸ノコの充電器も持ってきた。スイッチをいれるとウィーン！　と小気味よく刃が回転する。

新しい丸ノコの練習も兼ねて、わたしはカット係を志願した。ビスを締める係のタクちゃんとイオ君から、木材カットのオーダーが入ったら、指定通りカットしてわたすという流れだ。

前にも書いたが、壁パネルは完成すると、ものによっては長さ三メートル以上もあり、うんざりするほど大きく重たい物体になっている。一人では裏返すこともできないので、二人ひと組みの作業がマストである。

さっそくタクちゃんから「ツーバイ材、八三四ミリ二本！」などとオーダーが入る。差金を使って直角を確認しながら、慎重にカットして手渡した。

カットした木材を所定の場所にはめ込むと、タクちゃんは大げさすぎる賞賛の声をあげた。「ペルフェクト（スペイン語で完璧の意）！　すごいです、ぴったりです。これからは、有緒さんをミリ単位の女王って呼びます！」

一年半にもわたる家具作りで鍛錬を積んできただけあり、ブランクがあっても工具の使いかたはだいぶ体に馴染んでいたようだ。これまで自分のことを散々不器用だなんだと罵ってきたけれど、実は単なる練習不足に過ぎなかったのかもしれない。

良いペースで流れ作業を続けていたが、今度はナナが退屈してしまい「パパ！　遊ぼうよー！　つまんないよお」と叫び始める。娘を退屈させるのはいかん！　というわけでイオ君は戦線から離脱。わたしとタクちゃんのふたりで壁作りを続ける。

木材をカットして、ビスで合板に打ち付ける。

木材をカットして、ビスで合板に打ち付ける。
木材をカットして、ビスで合板に打ち付ける。
木材をカットして、ビスで合板に打ち付ける。
木材をカットして、ビスで合板に打ち付ける。
カットして、ビスを……。

こう書くとシンプルな作業だが、一枚の壁パネルを作るのに、合計七〇本ほどのビスを打つ必要があり、とてつもない重労働である。しゃがんだり立ったりを繰り返す上に、ビスを打っている間はずっと下を向いているので肩も首もバキバキだ。ウサギ跳びくらいキツいかも。そういえば、子どもの頃に学校でよくやらされたウサギ跳びは「百害あって一利なし」という判定をうけて禁止になったとか……。

昼が近づくと気温がぐんぐんあがってきて体感温度は三〇度を突破。体力的にも厳しくなってきた。

「少し休憩しよう！」とイオ君がみんなに声をかけ、コンビニに氷と冷たい飲み物を買いに行った。「塩キャンディも買ってきてください」と言いながら、タクちゃんは土の上にしゃがみこんだ。彼も暑さでぐったりして、元気がない。この土地はもともと畑なので日陰がないのもキツい。

午後になると、ナナはハンモックで昼寝をはじめた。

よかった、このまましばらく寝ていてくれ、と願ったが、暑くてそうそう寝てもいられないのか、三〇分ほどで起き出したかと思うと、「えー！　ナナのおうちまだできてないの？　おそーい、はやく、つくれー！」と大声で叫び始めた。

「だーかーらー、そんなすぐにできないんだよー」と言い返す。

それより、なんなの、その暴君のような言葉遣い!?　いったいどこで学んでいるのだろう……、わかった。『アンパンマン』か。どうも、ばいきんまんの「どけどけどけ～」「俺様によこせ～」などの真似をしているらしい。


三回目の壁作りは、三週間後の七月一日に決行された。今回のメンバーは、川内家、タクちゃん、そして沖村康治さんである。ニックネームはオッキー。覚えているだろうか、恵比寿の実家の床張りのときにきてくれた鋳造職人である。

「いやあ、オッキーが来てくれるんなら、もう百人力だね！」

と、わたしはイオ君に言った。

オッキーは、普段は駅前に置かれるような銅像を作っている。手先が器用で、実家の床張りのときもそのキビキビとした動きは、他の参加者とは比較にならなかった。

オッキーは、サンダル履きでブラリと塩山駅に現れた。趣味でトレイルランニングをしており、前日も山中を裸足で走っていたという。いわゆるベアフットランナーというやつだ。

前日がマラソンで今日は小屋作りなんて、いやはや、すごい体力。

「今日は、電車に乗りながらいろんな普通の家を眺めて、俺は小屋を作るんだぞ！　ロマンがあるだろう！　どうだ！　と思いながらきた！」

いいねえ、オッキー、その気合が入った感じ最高。

梅雨の晴れ間、夏の日差し一〇〇パーセントが、鋭い棘のように肌に突き刺さる。朝の時点で、気温は三五度。

しかし、そこは我らがオッキーだ。

「普段は冷房も暖房もない作業場で作業しているから、全然大丈夫」と飄々と言い、保温ポットに入れたホットコーヒーを飲んでいた。


さて、今回は作業ペアがふた組みのダブルス体制が組めるので、作業効率も二倍になる。今日こそ壁パネル作りを終えたい。

朝から民ちゃんが、ナナともっちゃんを映画に連れていってくれることになり、作業に集中できるのも助かる。

「ママ！　パパ！　いってきまーす!!」とナナは嬉しそうに車から手を振って出発。

「いってらっしゃい！」

考えてみれば、ナナにとって家族以外の人と出かけるのはこれが初めてだ。

急に泣いちゃったりしないかな。最後まで落ち着いて映画を見られるかしら。うんちしちゃったら、民ちゃんにオムツを替えてもらうしかないのか、申し訳ないな。などと多種多様な心配をしながら見送る。

車が視界から消えると、気分をきりかえ、「よっしゃあ、ガンガン進めるぞ！」「おー！」と作業開始である。

まず、手順やビスの種類、注意すべき点を全員で確認。オッキーはすぐに作業内容を把握したようだ。

カットして、ビスで打ち付ける。
カットして、ビスで打ち付ける。
カットして、ビスで打ち付ける。
カットして、ビスで打ち付ける。

自分たちが作業に慣れたこともあるが、ダブルス体制なので、仕事がぐんぐん進む。なんと午前中だけで四枚の壁パネルを作ることができた。Ｔシャツは汗と泥でびっしょりである。

しかし、午後になると暑さが増し、腕はだるいし、腰も痛い。否応無しに、作業スピードも集中力も落ちていく。

「暑いねー」

「もう地獄！」

「あー、温泉入りたい」

作業は修験道的な領域に突入したが、心頭滅却すれば火もまた涼し……などとは微塵も思わず、ええい、誰がなんといっても、辛いものは辛いんだ、こんな日に作業を決めたクレージーなやつ、呪ってやる、誰だ？　ああ、自分か……！　と思うばかりだった。実際のところ、わたしは壁作りにはほとほとウンザリしていた。そしてこんな苦行に付き合ってくれているオッキーやタクちゃんを心底リスペクトした。

そのとき、「あれ、ビスがあんまりないですね、予備はありますか」とタクちゃんが言うので驚いた。いや、ないわけないいんだけど。

「五〇〇本入りが二箱あったはずだよ」

「両方とも、もう空になりそうです」

「えー、ほんとに？」

なんとわたしたちは、この二回の壁作りで一〇〇〇本近いビスを打ったようだ。一〇〇〇本ノックならぬ一〇〇〇本ビス。『巨人の星』の星飛雄馬か？　そりゃ、疲れるはずだよ。

午後には追加で三枚の壁パネルが完成。計一二枚を達成し、完成まで残り二枚となった。あとちょっと頑張れば……ゴール！　おめでとう！　という展開は想像できるのだが、もうこれ以上どこをどう絞っても一滴のやる気もでない。「今日はこれくらいでいいか」「温泉に入ってサッパリしよう」そんな話をしていたそのときだ。大工の丹羽さんから携帯にメッセージが入った。

「仕事が早く終わったので、いまそちらに向かっています」

え、どうして？　今日は特にサポートは頼んでないんだけど？

どうやら丹羽さんは、今回こそ間違えずに壁が作れているかを心配しているらしく「様子が見たい」とのことだった。

「丹羽さんが一時間後には到着するって」

そう言うと、タクちゃんは、「え！　丹羽師匠が！」とすくっと立ち上がった。

全員が輪になってお互いを見つめた。

心の中に思い浮かんでいることは同じだった。

だったらあと一時間だけ頑張ろう。そうすれば全てのパネルが完成する。そして、丹羽さんをびっくりさせよう！

というわけで、わたしたちは再び壁パネルをせっせと作りはじめた。

一時間後、奇跡的に一四枚全ての壁パネルが完成した。もう精も根も尽き果て、ここまでヘトヘトになったのは、出産以来かもしれない。

現場に到着した丹羽さんは、仰天していた。

「えー！　本当に終わらせちゃったんですか、すごい！　暑いからもうやってないと思ってたんだけど、すごい気合いですね」

汗と泥にまみれながら、「そうでしょう、ふふふ」と笑った。

これで、次回は建前がやれるぞ。

第10章

平面から立体に――闇を切り裂く叫び声

ハードな壁作りを終えた二日後、川内家の三人は沖縄に旅立った。向かうのは、沖縄本島からフェリーで二五分の久高島。ガジュマルの森に覆われた静かな島で、集落には商店が二軒と食堂が三軒しかない。商業施設が少ないのには理由がある。この島は、琉球をつくったアマミキヨが天から舞い降りてきたと伝わる沖縄最大の聖地で、観光客が入ることができないエリアも少なくないからだ。

ナナが生まれる以前にもわたしとイオ君はここに来たことがあり、この島が大好きだった。単純に言うと、わたしはこの島で七月七日を迎えたかった。というのも、その日、応募していた文学賞の選考結果が発表されることになっていた。結果の連絡は、電話で夕方五時までに行われる。固定電話しかない時代は、家でじっと連絡を待っていたはずだが、携帯がある現代はどこにいても問題ない。それならば、とても好きな場所で待つほうがいい。

その日は雲ひとつない快晴だった。海のコンディションも最高で、ナナは初めて見た熱帯魚に大興奮。「みてごらん！　ここにも　おさかな　いるよ！」と休むことなく二時間も海に入り、イオ君は根気よくそれに付き合っていた。

午後になると、急速に落ち着かない気分に襲われた。

ああ、いまごろ東京では選考会が始まっていることだろう。

「先に部屋に戻ってるねー！」と声をかけて、ひとり民宿に戻った。

シャワーを終え、水着を洗って干していると、夕方四時をまわっていた。

あと一時間弱か……。

物干し竿には見たことがないサイズのカマキリがくつろいでいた。

「ちゃんと携帯の音を聞こえるようにしてある？」

宿に戻ってきたイオ君がわたしに声をかけた。

「うん」

もういつ電話がかかってきてもおかしくない。

「ちょっと散歩してくる！」

わたしは宿を飛び出した。

ゆっくりと船着き場の方に向かう。時計の針は四時四五分を指していた。

あと数分で全てがはっきりする。

八年間、なんとか書くという仕事を続けてきた。作家になるという強い意志があったわけではないけれど、書きたいという祈りにも似た激しい衝動だけはあった。いつのまにか書くことは自分の人生そのものになり、書くことでわたしは世界の輪郭をまさぐっていた。

この先も書くことをやめたくない。どうしたらいい？

そこで思いついたのが賞に応募することだったんだ——。


夕日に照らされた海を眺めた。波はとても穏やかだった。

気がつくと、時刻は五時をまわっていた。

ああ、そっか。……ダメだったんだ。きっといまごろ、受賞した人に電話がかかっているに違いない。全身から力が抜けていった。

冷たいお茶でも飲もうと立ち上がり、自動販売機に向かった。すると、自販機が壊れているようでお金が入らない。

自販機すらわたしに背を向けるなんて……もう泣きたい。落胆しながら歩き始めたその瞬間——。電話の着信音が聞こえた。


民宿の部屋の引き戸をあけると、夕方の日差しを浴びた布団の上でナナは昼寝をしていて、イオ君は添い寝をしていた。優しい風景だった。

「どうだった？」

イオ君がさりげなさを装って聞く。彼も待っていてくれたに違いない。

玄関で靴を脱ぎながら、「うん、受賞したみたいだよ」と小さく答えた。

イオ君はパンと跳ね起き、半泣きになった。

「ほんと！　すごいね、すごいねー！」

うん、ありがとう。ありがとう。

翌朝は三人で沖縄の神様が降り立ったというカベール岬まで朝日を見に行った。夜明け前に叩き起こされたナナは、「ねむいよー、ねむいよー」と半泣きになりながらも自転車の後ろの席でイオ君にしがみついていた。暗い熱帯ジャングルを自転車で走り抜け、岬の向こうから大きな太陽が上がるのを見届けた。スピリチュアルなことは信じないわたしも、海の向こうにある大きななにかに手を合わせた。この先、自分の人生が変わるかはわからない。書き続けながら生きることは、きっとそんなに簡単なことではないだろう。それでも自分自身が前に一歩を踏み出せたことが嬉しかった。

イオ君もワクワクした顔で言った。

「これで、あとは小屋の建前がちゃんとできれば、奇跡の七月になるね！」

そう、建前は三週間後に迫っていた。

＊

改めて「建前」とは、平面から立体へ変化させる工程のことである。具体的には、一四枚の壁パネルを箱状に組み合わせて、屋根をかける。何もないところから構造物が立ち上がるわけだから、小屋作りの華々しいハイライトといえよう。別に上棟式を開催したり、餅や酒を撒いたりはしないけど、パーンとクラッカーくらいは鳴らしてもよさそうだ。

「建前」という言葉は、もともと「基本方針や原則」を意味することを今回知った。要するに、物事の屋台骨が「建前」というわけだ。え、そうだったの？　という感じがする。だって、一般的には「本音」の対義語として、本音を隠すための上辺だけの言葉というようなニュアンスで使われているではないか。本来はいい意味だったのに、いつの間にか悪者に――。ううむ、なんだか、「建前」がかわいそうになってきた。

そういうわたしは、「本音」と「建前」を使い分けるのは苦手である。人生で何度も「建前」を言うべき場面で、ずばずばと「本音」を言ってしまい、先生や上司に「失礼だ」とこっぴどく叱られた。友人や恋人からの質問に本音で答えすぎて、大好きだった人を傷つけてしまったこともある。いつだって、わたしには難しすぎるもの、それが「建前」である。

今回、建前作業にかけられる日数は二日間しかない。時間内でなんとしてでも屋根をかけるところまで進まないといけないので、人手は多いに越したことはない。

そこで、実家の床張りのときのように参加者を募り、ワークショップ形式でやろうと思いついた。講師は、丹羽さんである。

さっそくSNSなどで参加者を募集すると、四人が応募してくれた。呼びかけておいてなんだが、休みの日にわざわざ山梨まで来て小屋を建てる手伝いをしたい、という奇特な人がいるなんて世界はまだまだ広い。しかも、ひとりは北海道からくるとか！

建築家のタクちゃん、丹羽さん、オッキーやヒラク君、そしてうちの家族とワークショップ参加者を合わせると、かなりの大所帯になる見込みだ。こうなると、滞りなく作業が進むようにロジ面にも気を配らねばならない。駅から現場までの交通手段、ランチや夕飯の手配、宿泊場所の確保。暑い時期なので、熱中症対策も必須だ。クーラーボックスや冷たい飲み物を準備し、日陰で休めるようにテントを張ろう。一時間に一回は休憩しよう。塩キャンディも買おう。備えあれば憂いなし。なんか、準備がやたら忙しいぞ！

その矢先のことである。

ニュースの天気予報を見ていると、「日本の南海上で台風一二号が発生しました。上陸の可能性も」と聞こえてきた。

ん？　七月の終わりにもう台風？

ネットで調べると、台風「ジョンダリ」は建前当日に「列島を直撃」という予報である。しかも予報円は、関東甲信越地方をぐるりと囲んでいた。

あの、あの、あの、た、台風が!!

動揺しながらイオ君に言うと、「あー、そりゃヤバいね」という返事。

泣く泣く建前は中止せざるをえなくなった。方々に中止の連絡をし、レンタカー、宿、食事を全てキャンセルした。

ああ、自分としては珍しいほどちゃんと準備したのにこういうときに限って!

誰よりも衝撃を受けていたのは、タクちゃんである。彼は土地探しから壁作りまで、この二年間わたしたちの小屋騒動に忍耐強く付き合ってきた。翌月にはメキシコに留学するので、これがラストの小屋作業である。苦労して作った壁が今日は立体になって見られる! と楽しみにしてくれていたのに、現実は、ああ無情。

その後、本格的な「ニッポンの夏」が到来し、バビンカだのシマロンだのという名前の台風が次々とやってきた(台風の名前って一四〇もあるんだって、知ってました?)。


台風シーズンも過ぎ去った一〇月の終わり、建前のリベンジが企画された。

天気予報によると、初日の午前中は雨だけど、午後から翌日まで晴れ。正味一日半しか動けないけれど、ギリギリ建前は決行できそうなので、予定通りに朝七時三〇分新宿発の特急あずさに乗りこんだ。

「今日こそ、ナナのおうちができるよ!」そう言うと、「やったあ、ナナのおうち! やった、やった」とまだ何も起こっていないのに喜んでいた。

今回はワークショップ形式ではなく、こぢんまりとした人数で決行することにした。主なメンバーは大工の丹羽さんとオッキー、そして初登場の友人・まゆみさん。

塩山駅で、まずは丹羽さん、オッキーと合流する。

「お久しぶりでーす！」

一〇月も終わりだというのに、オッキーは半ズボンにビーチサンダル姿である。

「寒くないの!?　さすがベアフットランナー」

「基本はいつもビーサンですねー。でも作業用に他の靴も持って来てますよー」

現場に着いた丹羽さんは、心配そうに空を見上げた。

「雨雲レーダーによると、もうすぐ雨が降りそうです」

工具も資材も出せないので、ただ現場で待機するしかない。ギリギリの時間配分のなかでの手痛いロスタイムである。

しばらくすると白い霧の塊のようなものがざざざーっと山から降りてきて周辺を包んだ。白い霧雨のなか、ただじっと待つ。二〇分ほどで霧の塊が去っていくのと同時に、今度は空にはくっきりと絵のような晴れ空が広がった。

「よし、開始しましょう！」とわたしはみんなに声をかけた。

本日の作業は大きく分けてふたつ。

①床下に断熱材をいれて床を張る。
②壁パネルを組み合わせて壁を立てる。

そこまで行けたら、明日はいよいよ屋根である。

まずは発泡スチロールのような素材の断熱材をカットし、以前作っておいた土台に隙間なく詰めてゆく。家は足元から冷えるので、床下に断熱材を入れることにした。どれほどの効果があるかはわからないけれど、まあ、ないよりマシだろう。

細やかな神経を使わなくても良い作業なので、よし、楽勝、楽勝とばかりに鼻歌まじりにカット作業を開始したものの、発泡スチロール特有のキュッキュッという摩擦音を聞くやいなや、ぞわわーっと寒気が走った。

そういえば、昔からこの音がどうにもこうにも生理的にダメなんだった！

悶絶していると、「無理しなくていいですよ」とオッキーがテキパキと切ってくれる。いきなり戦力外の自分に軽く落ち込みながら、草刈りに精を出す。草刈りなどこの際あと回しでも良いのでは？　と思うかもしれないが、草が伸びていると足がひっかかったりして危ないので、本当は作業前日にやっておくべきである。イオ君は蚊取り線香を焚き、飲み物を冷やし、周辺の環境整備に余念がなかった。

三〇分ほどで断熱材をいれ終わると、土台の上に合板を張った。床下は湿気が多いので、ここは奮発して一枚五〇〇〇円の耐水合板にした。湿気を含むと木が膨らむため、二ミリほど隙間をあけて張っていく。それを終えると急に「どうぞ、どうぞお座りくださいませ」と言わんばかりの小上がりみたいな床がぽこんと出現し、おっ！　何かがぐっと変わりつつある、という実感を持った。

まゆみさんが車で現場に到着し、「うわー、すてきー、眺めがいいところですねー」とほんわかした声で言う。

ツヤツヤした黒髪のボブがよく似合うまゆみさんは、行政書士をしながら中学生の男の子を女手一つで育てている。もともとは、わたしのトークイベントに参加してくれたことをきっかけに、知り合った。まだ一冊もわたしの本を読んだことがないけれど、フィーリングで参加、「これを機に読みます！」という笑顔が印象に残っていた。その後まゆみさんはわたしが妹と運営するギャラリー「山小屋」にも遊びに来てくれ、すっかり仲良くなった。

全員が揃ったところで、壁を立てる作業に移る。パネルを包んでおいた分厚いブルーシートを一枚ずつ剝がし、中を確認した。おお、いたいた、巨大な壁たち！　三ヶ月も敷地の隅に置きっ放しだった上に、台風が来たあとだったので、保存状態が大いに不安だったが、見たところ問題はなさそうだ。よおし、今こそ立ち上がれ！

一四枚の壁パネルの形状は酷似しているものの、屋根の勾配などに合わせて大きさや形が異なっている。混乱しないようにそれぞれに鉛筆で大きく番号を書いておいたので、順番通りに敷地の塀に立てかけた。

「まずは並べて様子を見ましょう」と丹羽さんは言う。

むむ？　様子を見るってどういうこと？

ひとつずつ土台に壁をビスで打ち付けていくのかなと思っていたが、いきなり固定はせずに、壁同士をゆるく連結しながら箱状に並べ、サイズにミスがないか、壁同士がぴったりと合うかどうかを確かめるというのだ。

「ぴったり合わない場合はどうするんですか」

「手直しするか、無理ならやり直すしかないですね」

「げっ！　この時点でやり直しって、絶対にいやですねー」

「いやいや、プロでもけっこう間違っちゃうんですよねー。やり直しする現場ってたくさんありますよ」

丹羽さんはさらりと言うが、炎天下の壁パネル作りを思い出すと、いやだ、絶対にやり直したくない、頼むから全部がピタリとあってください、と祈りたい気持ちになった。

「一番から三番並べます」

「はーい!!」

「次は四番！」

「はーい!!」

重い壁パネルを持ち上げて、一枚ずつ立てていく。全員がすでに汗びっしょりだ。中にはぴたりとはまらないものもある。ただ、作り直すほどのズレではないので、ツーバイ材をいったん外して付け直すなどの微調整で済んだ。ふぅう。

ふと見ると、まゆみさんはナナと一緒に折り紙で遊んでくれていた。わあ、ありがたい。それまでの一時間ほど、ナナはヒラク君が建てたコンテナで、ひとりで塗り絵をしたり、DVDを見たりして過ごしていた。本来、この小屋は自然のなかでナナを楽しませることが目的なので、ひとりで室内遊びをしているなんて本末転倒なのだが、今回はとにかく時間も労働力も限られているので、丁寧にケアする余裕がなかった。

しかし、そんな孤独な子どもをまゆみさんは見逃さなかった。

一緒にしばらく折り紙で遊んだあと「ねえ、ナナちゃん、小屋を見に行こうよー」と声をかけた。ナナは大人ばかりが巨大な壁を持ってウロついているのが怖いのか、なかなかコンテナから出てこない。「ここであそびたい」と固い表情で繰り返す。

「そうなの？　でもさあ、ナナちゃんの小屋でしょう？」

「うん」

「じゃあ、見なくてもいいの？　もう、見ないうちにできちゃってるかもしれないよ」

そう聞くと、ぱあっとナナの表情が変わり、「じゃあ、行ってみる！」と外に出てきた。ナナはしばらく壁を立てる作業を見ていたが、すぐに飽きたようでまたコンテナの中に戻ろうとした。そのとき、ふわーっとトンボが横切り、まゆみさんが持参の網でトンボを捕まえようと追いかけ始めた。その後はナナもトンボを捕まえようと辺りをかけまわり、ふたりの楽しそうな声が聞こえてきた。まゆみさん、グッド・ジョブ！

六枚ほど壁が立った時点で、いったん休憩。小屋の床の上に車座になり、ローストビーフのサンドイッチを食べた。あまりにお腹が空いていたのでもうひとつ食べたいくらいだ。贅沢をいえば温かいコーヒーが飲みたかったが、集落にはカフェもコンビニも商店もないので、ペットボトルのお茶でガマンする。ああ、早くコーヒーの一杯くらい淹れられるようになりたい。そのためにも屋根をかけなければ！

午後もまた壁を立てる作業をしていると、ナナは怒った口調で「つまんない！　大人ばっかり楽しそうでいいなー、つまんない」と口をとがらせた。

そうだよね、休みの日なのに遊び相手もいないもんね。

それにしても、一〇月も終わりだというのに午後の日差しはキツく、暑さでバテそうだ。この作業、予定通り七月にやっていたら一体どうなってたんだろう。あの日、台風が来てくれてむしろよかったのかもしれない。

三時には、スケジュール通りに全ての壁が立ち上がった。意外なことに、サイズや形が間違っているものはなかった。完全に、タクちゃんの功績だ。ありがとう！　メキシコの彼女とお幸せに！　と感謝の念を送った。本格的に壁パネルを土台に固定する前に、小屋の角から角の対角線を測り、建物が歪んでいないか最終チェック。ようやくここで壁をビスで固定した。

全ての壁が立つと、小屋といえどもそびえ立っているようにも感じた。

「背が高い建物だなあ！」

丹羽さんは、心配そうに屋根になる部分を見上げた。そう、わたしが設計したこの小屋は天井の高さが三メートル以上ある。

「外壁とか屋根とか色々作ると全体が重くなって安定してくるんだけど、まだ軽いから、大きな台風が来たらと思うと心配ですね。やっぱり夏にやらなくてよかった！」

中に入ると、思ったよりも広く感じた。

頭上には四角く切り取られた空があり、燦々と太陽が差し込む。宇宙を感じさせるような濃い青空で、吸い込まれるようだった。

「《光の館》みたい」と誰かが言った。

《光の館》とは、新潟県で開催される大地の芸術祭で二〇〇〇年に作られたジェームズ・タレルのアート作品のこと。天井と屋根が大きく開き、頭上には空が広がり、光が直接差し込んでくる仕組みだ。家の規模はまるで違うけど、確かに、《光の館》みたいだった。しかし、これは、屋根がない今日だけの光景だ。そう思うと、このまま床に寝っ転がって、ずっと空を見ていたかった。

夕方四時になると、

「よし、そろそろおしまいにして、温泉に行きましょうか」

わたしはみんなに声をかけた。

「おお、いいねえ」と喜びの声があがる。

遠路はるばる来てくれた友人たちに、作業以外のことも楽しんでもらいたい。

そのとき、珍しく表情が曇ったのは大工の丹羽さんだった。

「うーん、大丈夫かな。僕なんか心配性だから、時間ギリギリまでやりたいけどねえ。有緒さんがそう言うなら今日はここで止めてもいいけど」と名残おしそうに言う。何事も先延ばしせず、できるうちに進めておくのがプロなのだろうが、わたしたちは素人だし、そんなに無理したくないし、なんといってももう全くやる気がなかった。

「まあまあ、明日に備えて今日は温泉を優先しましょうよ」

わたしは言った。


温泉にゆっくり入ったあとは、地元で評判の良いレストランに移動。ほうとう、おすし、ピザ、地元山梨のワインをどんどん頼む。よく体を動かしたので、メニューにあるものはなんでも頼みたいくらい空腹だ。特にお酒が大好きなオッキーはかなりのピッチでワインを飲んでいる。

今日初めて顔を合わせた人もいたが、一日作業をする間にすっかり打ち解けて「楽しかったねー、楽しかったねー！」と繰り返すので、わたしもほっとした。来たからにはみんなに思いっきり楽しんで帰ってもらいたかった。

「明日は早く起きて山を走ってこよう！」

オッキーはまだまだ体力が余っているらしい。

全てが順調すぎるほど順調に見えた。

＊

迎えた、建前二日目。

一夜明けた小屋は天井にぽっかりと穴をあけたまま佇んでいた。

今日はいよいよ屋根をかけたい。いや、正確に言うと、何がなんでも屋根をかけないといけない。頭上には快晴が広がり、山から吹く秋の風は涼しい。

今日は、民ちゃんの紹介で新しい助っ人の女性、スズキさんが横浜からやってきた。普段はパソコンを使って在宅ワークをしていて、地方との二拠点生活に興味を持っているとのことだった。

「ワークショップとかではないので、気軽にやりたいことをやってくださいね」と声をかけると、「わかりました！」と答えてニコッとした。

①天井部分に「梁」を等間隔にかける。

②梁の上に屋根の下地となるベニヤ板を張る。
③屋根のベニヤ板の上に防水シートを張る。
④壁の周りに防水シートを巻きつける。

言ってみればこれだけなので、夕方には終わるだろう。

まずは、屋根の「軒」を支えるパーツを木材で作る。パーツといっても、長さは三メートル以上と巨大なものだ。

木造の建物の天敵は、なんといっても雨や湿気である。水に濡れたぶんだけ、建物は傷みやすくなるので、世界中の家の屋根にはたいてい「軒」が存在する。単純に考えるならば軒は長ければ長いほど建物のためには良いのだが、長く出すと、風の影響を受けやすくなり、下手すると強風で屋根が吹っ飛ぶ。だから、雨対策と風対策は大いなるジレンマの中にあり、どちらを優先すべきか、そのバランスが難しい。

この土地は標高八〇〇メートルの斜面に位置するので、それなりに風が強い。そのため、軒はせいぜい二〇センチぐらいにしておこう、ということになった。代わりに小屋の前後だけではなく、左右にも軒を出す。そうすれば、四方の壁が適度に守られるよね、という単純な考えである。

しかし、前後左右の四方に軒を出すことは、構造上けっこう難しい。そこでひねり出した案は、ハシゴ状のパーツをふたつ作り、梁と合体させ、左右にも軒を出すことだった（左図）。

「こんなの僕もやったことがない。うまくいくかなあ。まあやってみましょう」

丹羽さんは、いつもの落ち着いた口調で言った。

今日もかなりの木材を丸ノコでカットする予定だった。こうなると、ちゃんとした作業台がないことが辛く感じる。それまでの壁作りでは、ブロックの上などに適当に板を渡してカットしていたが、腰を痛めるし、怪我や事故が起こるリスクが高まる。

「どうやってやろうかなあ」とわたしが悩んでいると、オッキーとイオ君が動き始めた。

「余っているベニヤ板で即席の作業台を作れないかな」「よし作ろう！」

わずか一〇分ほどで作った作業台だが、この一手間がハシゴ状のパーツ作りの効率をガラリと変えた。

スズキさんが木材のカットをする場所にエンピツで印をつける墨付けを担当する。墨付けは地味だが、造作物の精度を決定する作業である。丸ノコの刃には二ミリの厚みがあるので、それも考慮しながら直角に線を引き、カットするときに混乱しないように部材として使用する方の側にマルを書いておいてもらう。カットするのは、線の真上ではなく線ギリギリの外側だ。墨付けがずれていると、その後の全てに影響が出る。生来ずぼらなわたしはこの墨付け作業が苦手だった。スズキさんはきちんとした性格で、正確に印を付けてくれた。

屋根

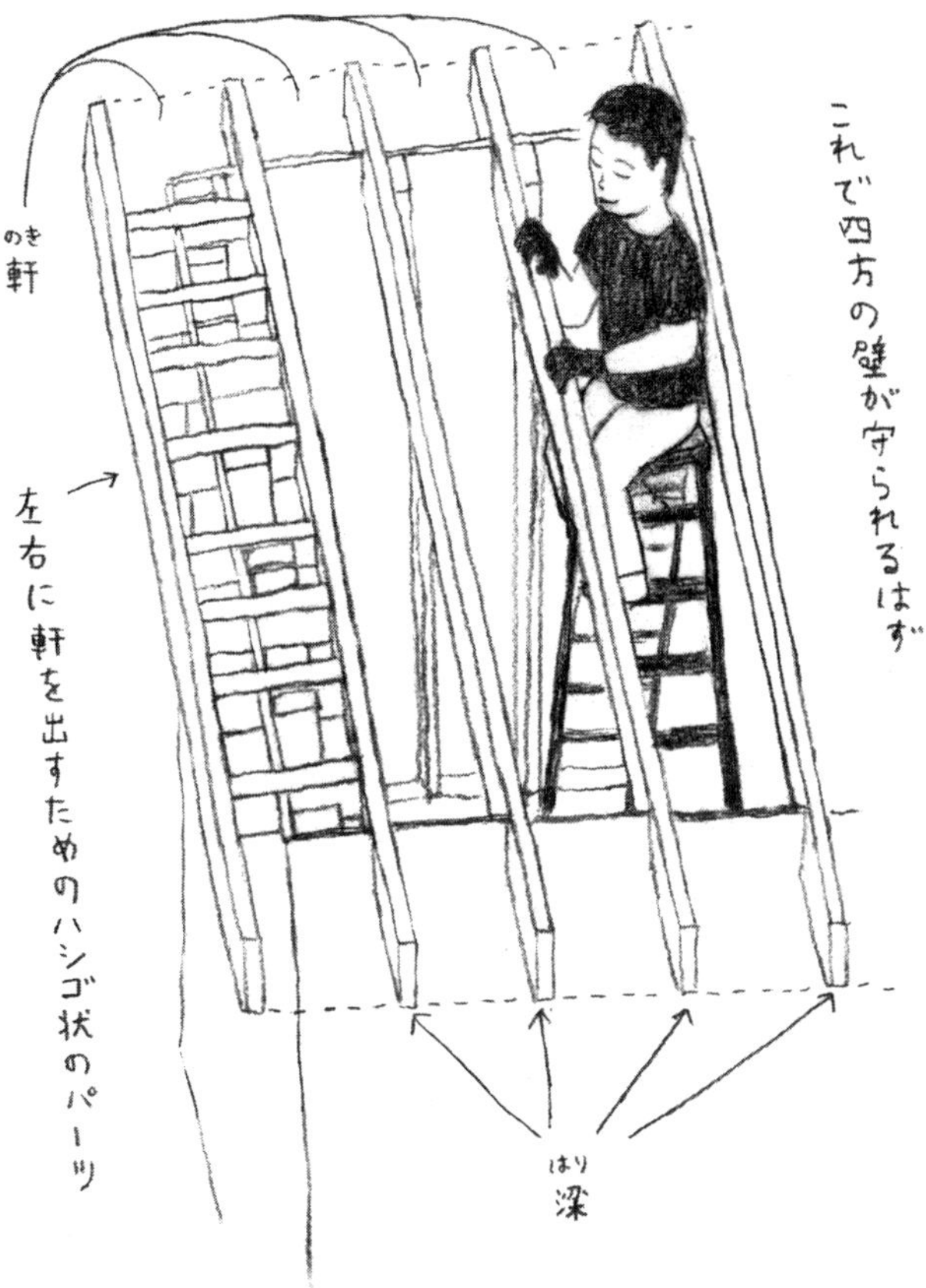

のき
軒
左右に軒を出すためのハシゴ状のパーツ
これで四方の壁が守られるはず
はり
梁

全員のテンションが静かにあがっていった。自分たちの手で何かを生み出す喜びと興奮に満たされるスペクタクルな瞬間だ。このとき、ナナも近くで遊んでいたはずなのだが、彼女が何をしていたのか、今となっては思い出せない。

「できた！」

一時間ほどで、ふたつの巨大なハシゴ状のパーツができあがった。これを壁にあけた溝にパズルのように組み合わせるわけだが、ぴったり合うかどうかは載せてみるまでわからない。

次なる問題は、この重い巨大ハシゴをどうやって高さ三メートルまで持ち上げるのかである。通常の現場ならば、足場をかけたり、重機を準備したりするわけだが、ここにあるのは高さが異なる脚立三台と人力だけだ。しかも小屋の周囲の土地はかなりデコボコで、足元も悪かった。

「この状態で脚立を立てて、重いものを持つのは危ないですね。うーん、こうなったら少しでも安定した小屋の中に脚立を立てて、中から作業しましょう」

大工さんすらも経験したことがないような現場に申し訳ないやら、ワクワクするやら。とにかく怪我をしないように注意を払おう、と確かめ合った。その結果、プロである丹羽さんだけが脚立の上に乗り、わたしたちは下からサポートする役に徹することになった。気分はさながら神輿かつぎである。

それにしても、丹羽さんは完全に超人ハルクだった（我ながらたとえが古いな）。筋肉が盛り上がり、服が裂けて、巨石を投げつけたりはしなかったけれど、少なくともわたしには五センチ持ちあげるのもままならない部材を、軽々と頭上に持ちあげた。

わたしたちが作ったハシゴは、壁に刻まれた溝に驚くほどピタリとハマった。

「おおー！　すごい！」

一気に現場が沸き立った。

＊

ランチ休憩をはさんで、ナナとイオ君は近くの公園にでかけた。公園は山の中腹にあり、パノラミックな眺めを持つその公園をナナは大好きだった。何十メートルもあるローラー滑り台や、ダイナミックなターザンロープがある。今日は退屈せずにすみそうでよかった。

一方のわたしたちは、屋根にベニヤ板を張る作業に入った。いや、〝わたしたち〟というのは全く不正確な表現だ。正確に言えば、丹羽さんが、格闘していた。彼は脚立の上に立って屋根の下地となるベニヤを片手で押さえながら、もう片手にインパクトドライバーを持ち、ベニヤ板を梁に固定する。さながらサーカスの空中芸の領域で、はたから見ているだけで緊張した。一方のわたしたちは、脚立をしっかりと押さえたり、必要なサイズにベニヤ板をカットしたり、ビスを手渡したりなどのアシストに徹した。サッカーで言えば、シュートは打たないけどパスは回します、サッカーはチームでやるスポーツですよね、というスタンスだ。

しかし、「セルフビルドで作る」と豪語していたわりに、本当にこれでいいのか？　アシストだ、パスだとか都合の良い言葉で納得しようとしているが、いくらなんでも大工さんに頼りすぎじゃなかろうか。

そう自問自答してみた結果、いや、これでいいのです、という結論に至った。なにしろやったこともない高所作業である。とにかく誰にも怪我をしてもらいたくなかった。さらに真実を述べるならば、「アシストも仕事のうちです」という「建前」の裏で、「新刊の発売を控えたこの時期に自分も骨を折ったりしたくない」とか「誰かが大怪我したら大変なことになる」というような抜け目ない計算も働いていた。しかもこっちが本音である。わたしも大人になったものだ。

屋根の半分にあたるベニヤ板四枚分の下地材が張れると、ようやく丹羽さんも緊張の糸をゆるめ、「もうこれで屋根の上にのぼれますよ。あとは一緒にやりましょう」と声をかけてくれた。

脚立を一段ずつ上がっていくと、頭がぽこっと天井の上に飛び出した。遠くまで続く山の連なりを見ながら、半分だけの屋根の上に両手をついて体を引き上げ、ずりずりと不恰好に這い上がった。

ほ、ほおー。

扇を開いたがごとく、空がばーっと拡大した。

山の景色も、空気も、風も、なにもかも気持ちがよかった。

わたしは生まれてからずっとマンション暮らしなので、屋根というものと無縁だった。やっぱり屋根に乗れるっていい。緩い片流れの屋根にしてよかった。

みんなで順番に上がり、写真を撮った。スズキさんは「屋根が見られてよかったです」と満足そうな表情で帰途につき、残りの作業はわたしとオッキーのふたりで進めることになった。

「くれぐれも屋根の端に行くときは気をつけてください！　下を見ると吸い込まれるので、覗き込まないように」と丹羽さんに厳重に注意を受ける。確かに下を見ていると重力で引っ張られそうになった。

インパクトドライバーとビスを手に、ベニヤ板を固定していく。なんだか大工さんぽい作業で楽しい。残りのベニヤ板を全て張りつけると、仮の屋根が完成した。目の前では夕焼けが空を赤く染め上げ、ぼーっと見とれた。

そこに、イオ君とナナが公園から帰ってきた。ローラー滑り台でたっぷりと遊んだようで、ナナは昼寝を始めた。屋根をかける瞬間を見せてあげることはできなかったけど、起きたら、喜んでくれるかな？

実はこの少し前、保育園の同級生のお父さんに、「いま、山梨におうちを建ててるんですね、ナナちゃんに聞きましたよ。今度泊まりに来てって誘われました！」と嬉しそうに話しかけられたことがあった。

「えーと、家ではないんです。ただの小屋です。ほんとに小さいんですよ！」

「あ、別荘ですね！　ログハウスみたいな感じですか」

「いや、全然そういうのじゃなく、大きい犬小屋みたいなもんです。もちろん、できたら遊びに来てください！」

お父さんは、キョトンとしながらも「楽しそうですね」と答えた。

どうやらナナは、保育園でも「もうすぐわたしの小屋ができる」と自慢をしているらしかった。

育児書によれば、四歳というのは自分と他人の違いが明確になり、いわゆる「社会性」がつく時期らしい。保育園に行くと、子どもたちはしきりに、「わたし、ディズニーランドにいったんだあ！」「わたしもねー、おたんじょうびにディズニーシーにいったもん」などと自慢しあっている。多くの子どもがすでにディズニーデビューを遂げるなか、ナナはまだその存在を知らない。だから彼女の自慢のタネは「山梨の小屋」なのかもしれなかった。

＊

屋根用のベニヤ板を固定し終えると、その上にルーフィング・シート（防水シート）を張りつける工程に入る。

一般的に、戸建ての屋根は一次防水と二次防水の二重構造になっている。一次防水とは、直接雨があたる表面の部分で、瓦や波板などの仕上げ材のことだ。仕上げ材は日夜、雨から建物を守るわけだけど、豪雨や台風のときには雨がその下まで浸入することもある。そこで活躍するのが二次防水の防水シートというわけだ。

この後しばらく小屋には来られないので、最後の砦ともいえるこのシートを張るところまでは、なんとしてでも済ませておきたい。

あれ、もう四時過ぎなの？　わわ、思ったより時間がないぞ。

空が赤から藍色に変化すると、冷たい風が吹き始め、肌寒く感じた。少し焦りが募る。

作業自体はひたすらタッカー（大きなホッチキスのようなもの）でガシャン、ガシャンと固定していくだけだ。ナナはまだぐっすりと眠っていたのでイオ君も屋根にのぼってきて作業に参加し、一時間ほどで屋根にシートを張り終えた。

しかし、まだ壁にぐるりと防水シートを巻く作業が残っている。気がつくと、この時点で完全に日が沈み、あたりはとっぷりと暗闇に包まれた。同時にさっきまでのヤッホー気分は完全に消滅。「わたしたち、むちゃくちゃピンチじゃん」にとって代わった。

ロール状にまかれた透湿防水シートを壁全体に包帯のようにぐるぐると巻き、タッカーで留めていく。

やがて、本当に何も見えなくなった。ただ遠くに甲府の街並みだけがキラキラしている。

「どうしますか！　車のライトで照らしますか？」

「いや、懐中電灯で照らしましょう」

「懐中電灯！　どこだ？　あった！」

わたしが懐中電灯で手元を照らし、丹羽さんが両手でシートをおさえ、オッキーとイオ君がタッカーで張り付けるという連係プレイを繰り広げた。この段階で、急にナナが目を覚まし、「うえーん！」と大きな泣き声をあげた。

え、いまか？　やばい。

イオ君が慌ててすっ飛んでいく。真っ暗な中でナナがうろうろすると危険なので、いったんヒラク君のコンテナの中でＤＶＤを見せておくことになった。

タッカーでシートを留めるだけといっても、一回ずつ脚立を降りて横に移動させ、また脚立に登るので、想像以上に時間がかかる。

ああ、ごめんなさい！　昨日「温泉に行きましょう！」と言い出したときに、丹羽さんが「ギリギリまで作業しておきたい」と言っていた意味がようやくわかった。

そうか、こういうことだったのか。納得したが、あとの祭りである。真っ暗で足元が悪い中で脚立を移動させては、タッカーでシートを打ちつける。タッカーの針を取り替えるにも懐中電灯が必要だ。

わたしたちは無心で作業を続けた。アドレナリンが出ているのか、疲れは感じない。

今度はナナの叫び声がコンテナ方面から聞こえてきた。

「ねえ、みんなー！　よるまでさぎょうするつもり？　くらいよお！　ナナ、ひとりだよお！」

それは、不安がっているというよりも、身勝手な親たちに対して怒りを表明する声だった。

「ごめん、ごめん、これだけはやり遂げないといけないんだよ。もうちょっとだから待っててねー」

誰もこの作業から抜けることができなかったので、ひたすら「ごめんねー、ちょっと待ってて」と言葉だけで表面的になだめ続ける。

暗闇のなかで声だけが錯綜し、ナナの叫びは悲愴感が増していった。

「ねえええええ！　ナナ、ひとりだよおおお!!　だれもきてくれないのーー？」

「ああ、またタッカーの針が切れた！」

「こっちにあります！」

「よく見えない！　針がうまくはいらない」

「懐中電灯あるよ！」

「あと一巻きで終わりです！　頑張りましょう！」

「ファイト！」

「ねー！　ナナ、ひとりだよー!!　パパ、ママ、どこにいるの？」

「ごめんねー、ほんとにごめんね！」

叫び声のカルテットで世紀末的な状況である。

ああ、早く終わらせたい気持ちばかりが先行し、娘のことを考えてなかった……と猛省したのはずっと後で、このときはとにかく目の前の事をコンプリートすることに必死だった。

いい親として完全に失格である。

ようやく終わったのは夜六時半。時刻の上では夕方だったが、体は深夜のようにクタクタだった。


駅前のトンカツ屋さんに入り、だるくなった足を座敷に投げ出して、ビールを頼んだ。大きなジョッキに入ったビールはよく冷えていて、めちゃくちゃウマい。

「働いたあとのビールっていうのがまたいいんだよね」とオッキーは上機嫌だ。

「怪我もなく無事に終わって、よかったー、ほんとによかった」と丹羽さんも揚げたてのトンカツを頬張った。ナナのご機嫌もすっかり直り、ほのぼのとした空気がわたしたちを包んでいた。

「ナナちゃんの小屋っていうのが、またいいんだよね。ナナちゃんが現場にいるから頑張れる気がするんだよねー」とオッキーは軽やかに言い放った。

オッキー……あなたは天使の化身なの？　わたしだったら、あんな状況の後にこんな風に優しい言葉が出るのだろうか。しかも、普段から彼を見ている限り、その言葉は決して建前などではなく、本音なのだ。

「ほんと、建前ができないまま年を越さなくてよかったよ。暑くて超ハードな壁作りとか、台風とか、もう予想しないことの連続だったけど」

そう言いながらわたしも冷えたビールを喉に流し込んだ。

これにて、二〇一八年の五月に基礎打ちから始まった小屋作業は、無事に「建前」を終えた。ああ、大変だったけど楽しかった。それは、まさしくわたしの本音だった。

第11章

なんのための小屋なんだ

矢が光を追い越すように、ナナは四歳半になっていた。

朝ひとりでトイレに行き、服を着替え、トランプを並べて遊び、「パプリカ」で踊る。街でガチャガチャを見るたびに「やりたい」とせがみ、虫を見れば素手で捕まえる。舌足らずのしゃべり方なりに独自の論理展開でいろんなことを主張してくる。

ついこの間も、「ナナねー、あのねー、(自分に)赤ちゃんが生まれたらねー、ガチャガチャとか、そういうの、いっつもやらせてあげるんだ!」と言い出した。

ん、いったいなんの話だ? と思いつつ相槌を打つと「あのねー、ナナねー、赤ちゃんをよろこばせたいんだー。やさしいでしょ!」と得意顔で言う。そこまで言われて、ようやくわかった。ナナは「ガチャガチャごときに二〇〇円も払いたくない! あれはおもちゃ会社の陰謀だ」と繰り返すわたしに不当性を訴えているのである。ウケる……、君はもういっぱいしの変化球が投げられるんだね。

こうして歳月が幼児におこす変化の大きさを実感する一方で、小屋の成長はスローモーションの映像よりもさらにスローだった。やっと家っぽい形にはなったもののまだ窓も扉もなく、完成までの道のりは遠い。フルマラソンだとしたら、「さあ、いよいよ折り返し地点をすぎて苦しい上り坂が続きますね」というあたりかもしれない。


作業の様子をしょっちゅうSNSにあげているせいか、「なんのために作っているんですか」と聞かれることも増えた。

ええと……なんででしょうねえ……うーん。

悪いことをしているわけでもないのに、しどろもどろになった。もともとは「都会育ちの娘に自然の風景を見せてあげたい」とか、「D.I.Y.を通じて生きる力を身につけたい」などの目的があったが、毎回とにかく目の前にある作業をこなすことで精一杯である。ええと、次はなんの作業をしよう？　なんの材料が必要だっけ？　ベニヤ板にペンキ？　あ、ビスも買っとくか。週末の天気はええと、え、また曇りのち雨⁉　今回は誰が手伝いに来てくれるんだっけ？　そうだ、工具の充電切れてるじゃん、やばい……といった感じ。気がつけば、いつの間にか手段が目的化してしまっていた。

作業自体は、「楽しい」「苦しい」「面倒臭い」のトライアングルをグルグルしている。現実には木材はずっしり重いし、腰は痛むし、暑さも寒さもキツいし、雑草の勢いには勝てないし、交通費や材料費だってかさむ。ああ、なんでこんな面倒なこと始めちゃったんだろう？　同じお金と時間を使って、プールサイドで寝そべってイタリアンジェラートを食べたりすることもできたのに――。

面倒くさがっているわりに、さっさと完成させたいとも思わなかった。だって、今年中に絶対に終わらせよう、ファイト一発！　というような目標を立ててしまうと、どうしても目的地までの最短経路を探してしまう。それがイヤだ。

いつの頃からだろう、わたしは、効率とかコスパとか、そういう類の言葉に疑問を覚え、少し距離を置きたいと思うようになった。コンサルタントとして働いていた時代にそういった単語を酷使しすぎて、パワーポイント界の呪いにかかってしまったのかも。四〇代にもなったわたしは、むしろ世の中、そして自分のなかに蔓延する効率主義や能力主義的なものに抗っていきたいとすら思っていた。

いや、わたしが以前従事していた仕事では、税金を使ってプロジェクトを動かしていたので、効率も能力もアウトプットも非常に重要だった。それらをきちんと計測することで無駄をなくし、世の中に結果を示すことができるのだ。その仕事は決して嫌いではなかった。しかし、同時にそういうものと全く関係のない文化やアート、神話や言い伝え、ただぐうたらする休日、橋の上で楽器を弾き続ける人々なども愛していた。そうして国連を辞めた頃から、もういいや、わたしはわたしのペースで進もうと決めた。だって、誰の人生でもない、わたしの人生だから。目標を立てて、正解に向かってまっすぐ進むだけが人生ではない。むしろ多少の適当さや無駄とも思える回り道こそがわたしの人生に喜びを与えてくれる。ゴールに向かうためにプロセスがあるのではなく、プロセスの中にこそゴールがあった。計画性を放り出したとき、わたしたちは「今ここ」に集中し、未来から解放され、自由になれるのだと思う。

こういった考えは、団塊ジュニアであるわたしの世代にとっては決して主流なものではなかった。この世代は人口が多く、受験は「戦争」、就職は「氷河期」で、日本経済の「失われた三〇年」の入り口で社会人デビューである。その間刷り込まれてきたのは「努力して、勉強して、いい学校に入って、いい会社に就職して、精一杯会社のために働いて、家や車を買い、ローンを払い終えて老後を楽しみましょう」という人生モデルだった。

しかし、「失われた三〇年」の間に日本経済はギンギンに冷え込み、かつては恐竜のように世界を闊歩していた日本企業はバタバタと倒れ、若い頃にわたしたちが刷り込まれてきた人生モデルは一種のファンタジーになった。

ある時代の正解は、ある時代の不正解になる。

幸せへの特急列車は存在しない。

だからこそ、ナナには自分の人生を生きて欲しい。

不確かな未来を恐れるのではなく、変わりゆく時代の波の中をしなやかに泳いでいけますように。あらかじめ決められた選択肢から選ぶだけではなく、自分自身で何かを生み出せるようになりますように。そんなふうに願わずにはいられない。そのためには、親も多少の無計画さをよしとして、あえて遠回りをしたり、一見無駄そうな試行錯誤こそが大切になるのではないかと思う。

*

小屋作りの合間のある秋の週末、宮城県石巻市にあるMORIUMIUS（「モリウミアス」）という複合体験施設を家族で訪れた。

大正時代に建てられた木造の廃校を利用した施設で、海と山に囲まれている。広々とした土の校庭の一角にはビオトープが作られ、多様な生物が棲息する中で、米が育てられていた。薪でお湯を沸かす大きな露天風呂があり、裏手には野生動物や虫たちが息づく森がある。民ちゃん&もっちゃん親子やほかの友人たちも誘い、大人六人、子ども三人、総勢九人による賑やかな旅である。集まった子どもは、偶然にも全員四歳の女の子ばかり。三人は、出会って五分で打ち解け、広い土の校庭をのびのびと駆け回った。

ナナはみんなに会ったばかりだというのに「ねえ、いつバイバイするの？」と何度も聞いた。彼女はいつだってバイバイが嫌いだった。

「明日までずっと一緒にいるんだよ」と答えると、「えー！　あしたまで？」と顔がパーッと明るくなった。

「そう、今夜はみんなで一緒に寝るんだよ」

「やったあ！」

三人の子どもたちは大人たちと離れて、夕飯の準備を手伝うことになった。

ナナはお手伝いが大好きだし、わたしとしても家事を家族全員でやるのは当たり前のことにしていきたいと思っている。母、父、子ども、男、女という役割を固定化するよりも、できることはみんなでやる、誰が何をやってもいい、というフリースタイルがいい。いや、実のところ、わたし自身も無意識に従来のジェンダー的役割に縛られているときが大いにあるので、意識的にそこから自分や家族を解放していかねばと思っていた。女の子らしく、男の子らしく。もうそんなのやめようよ、という意識革命は自分のなかから起こす必要があるのだ。

三人は、ミートボール用にひき肉をこねて丸め、鮭の切り身をほぐし、甘酒をベースにした鮭フレークを作った。発酵デザイナーの父を持つもっちゃんは、白く濁る液体を一瞬で「甘酒だ！」と見抜き、調理担当のスタッフを仰天させた。

外のかまどでご飯を炊き終えた三人は、敷地内で飼育されている鶏や豚、ヤギを見にいった。

「にわとり、おっきい、きゃー！」

「怖いよー、さわれない！」

という声が聞こえてくる。

その傍らで、大人たちのほうは、施設の見学をしていた。

「人間の食べものの余りは、動物たちの餌になるか、もしくは堆肥化されるので、排出されるゴミは最小限です」

「施設から出る排水はバイオジオフィルターの微生物によって浄化され、きれいな状態でビオトープや水田に流れていきます」

「お風呂の薪は裏手の森の間伐材です」

などという説明に、いちいち「すごい！」「素敵だねー」と連呼した。こういった環境負荷をミニマムに抑える仕組みは、いま小屋作りを進めている身に実に刺激的で、なんというか、小屋でも、水とかゴミとかエネルギーとか、ちゃんと考えないといかんよなあ、という気持ちにさせられた。

モリウミアスの活動のあり方は、美しい。しかし、子どもたちのほうは大人みたいにいちいち感動したりはしない。「感動」できるのは、そうではない世界のことをよく知っているからだ。その点、子どもはどこまでもフラットで、ただそこにあるものを全身で感じ、吸収している。

海、山、古い校舎、命を分けてくれる動物。

空気、風の全てをあるがままに——。

一泊二日の滞在の終わり、子どもたちは着実に近づいてくるバイバイを拒否するように、三人並んで校庭の水たまりで遊び始めた。ぬかるんだ泥をすくいあげ、手にこすりつけ、「すべすべになるかなあ」「気持ちいいねえ」と喜んでいる。

「ねえ、ママもやったら！」と声をかけてくれたが、「ありがと、でもいいや」と答えた。日差しのなかにある泥は温かそうだが、触りたいとは思わなかった。

出発の一〇分前になっても、ナナはせっせと泥をこねくり回している。長靴は柄がわからないほどドロドロだ。これでは、手を洗うのも時間がかかりそうだ。気がつけばバスの出発時間が迫っている。

そろそろ行く時間だよ、終わりにしよう、と声をかけたそのとき、ナナが意外な行動をとった。いきなり長靴を両方ともぽーんと脱ぎ捨て、素足のままじゃぼんと水たまりの真ん中にしゃがみ、泥だらけになった。ひええ！

「えー！　ナナ！　ちょっと何やってんの？」

イオ君が大きな声を出すと、ナナは、あれ、わたし何か悪いことをしたの？　というように水たまりの真ん中に座ってキョトンとしている。イオ君は珍しく苛立って見えた。実はナナはこの直前にも別の水たまりで全身びしょ濡れになり、急いで着替えをさせたばかりだった。

イオ君が再びさっとナナを泥の中から引き上げ、服を脱がせる。モリウミアスのスタッフの人たちが素早くナナを水場に連れていく。その間にわたしはバスに積み込んだ荷物の中からズボンとパンツを引っ張り出した。三者連携プレイにより二分で着替えさせることができ、時間通りに出発することができた。

家につくと、泥だらけのズボンとパンツを洗面台ですすぎ、洗濯機に放り込んだ。楽しい二日間だった。きれいな風景をたくさん見た。美味しいものも食べた。それなのにどうしてだろう、わたしは翌日になっても、その次の日になっても、泥の中に座り込んだナナの姿が頭から離れなかった。

きょとんとした顔。

泥だらけのズボン。

もし、あのまま何も言わなかったら、次に何をしたのだろうか？

泥の中に全身でダイブしていって、ドロドロぐちゃぐちゃになったのかも。その姿を想像すると、とても楽しそうに思えた。

あのときナナは太陽で温まった泥のぬかるみをもっと全身で感じたかったに違いない。大人にはもう思い出せないその心地よさを――。

ああ、ダメだ。

わたしたちは、本当にダメだった。

せっかくナナが本能にしたがって心から楽しそうだったのに。それを服が汚れるとか、出発しないといけないなどという理由で即座に止めてしまった。

だから、親っていうのはウザいんだよなあ。

そう、親はなかなか親以外の生き物になれない。本能的に子どもに何か悪いことが起きないようにと願い、よかれと思ってあれやこれやと口や手を出してしまう。

「あ、そんなことしたら危ないよ！」

「気をつけて、よく見て」

わたしたちは「のびのびと育って欲しい」などと抜かしながら、気がつけば子どもの一挙一動に口を出すことに忙しい。それが一瞬先の未来を奪っていることにも気づかないまま、「悪いこと」が起こらずに済んだことに安堵する。そのすべては一見すれば子どものためのように見えて、結局は自分たちのためである。

ああ、ウザい、ウザい。

だからこそ、子どもたちにはしばし親と離れる時間や場所が必要なのだ。きっと、そのときこそ子どもたちは、大地の感触を全身でまさぐり、世界の不思議さを発見する。いつかは、ぎゅっと握り続けてきたこの手を離す日が来る。そう思うとわたしはこの毎日が愛しくてしょうがない。家族全員で電車に乗って、眠い、暑い、寒い、疲れた、温泉入りたいと大騒ぎしながら小屋を建てる日々が。

そうだ——。

次からはナナにも、もっともっと小屋作りに参加してもらおう。なるべく手も口も出さず、できるだけ彼女がやりたいようにやらせてみよう。

きっと危なかったり、汚かったり、結果的に遠回りになる作業もあるだろうけど、それはそれでいいじゃないか。そんな時間は、きっと家族という土壌をふわふわにしてくれるはずだから。

第12章 タコを捕まえる女と裸足の男、そして体力の限界

二〇一八年の終わりから二〇一九年初頭、わたしは物書きになって以来一番忙しい時期に突入した。例のいわきを舞台にした新刊『空をゆく巨人』のプロモーションが始まったのである。

この出版不況の時代、のほほんとソファに寝そべったままでは間違いなく本は売れない。特にわたしのようなほとんど無名の物書きの場合、「作品を待っています」と言ってくれる人は、親しい友人の他はほとんどいない。だから、本を手にとってもらうためならなんでもやります、どこでも行きます、握手しましょう、目標は四七都道府県の踏破ですという旅芸人的アピールをしていたところ、著者インタビュー、イベント、講演が鈴なりに。さらに新規の原稿依頼も増えた。いやはや、ついこの間まで「人生には寄り道や余白が必要です」的

なことを説いていたのに、スケジュール帳は真っ黒に塗りつぶされていた。嬉しい悲鳴をあげる反面で、慣れない忙しさとストレスで、正体不明の激しい頭痛にたびたび襲われるようになった。ときには二日ほどベッドから起き上がれず、家事はおろか、保育園の送り迎えもできなかった。

イオ君の強い勧めで脳ドックを受けたところ「典型的な偏頭痛です」との診断が下った。頭痛の原因は不明。こうなると、とにかく締め切りに間に合わせる、予定の電車に飛び乗る、仕事に穴をあけない、ということが最優先である。

ようやく小屋のことを気にし始めたのは、新刊発売から半年後の春のことだった。そういえば建前のあとは、屋根も壁も仕上げ材を張らないままに、ずっと放置していたんだっけ。大丈夫かな。なにも異変がないといいけど……。

まずは現場に向かう。長い坂道を車で駆け上がり、集落に入る。そろそろ着くぞ、と思うと同時にぽこんと屋根が見えた。

小屋はちゃんとそこにあった。壁もあり、屋根もある。特に変わった様子はない。

あー、よかった、本当によかった。

車から降りて近づいたそのとき、違和感を感じた。

なんかがおかしい気がする……。

あれれ？　そういえば、屋根ってこんなだった？

ぎゃっ、まずい！　すごくまずい。

どういうわけか、前回張っておいた屋根の防水シートが全て吹っ飛び、ベニヤが剥き出しになっていた。タッカーで留めただけだから剥がれやすいかも、とうっすら想像していたけれど、跡形もなく消え失せてしまうなんてどういうことだ？　あたりを見回せば、ビリビリに破れたシートの残骸が散らばっていた。

わたしたちは、あわててシートのカケラを拾い集めた。

「ママ、あっちにも落ちてるよ」というナナの声でよく見ると、隣の家の敷地にもカケラが飛散している。そこは空き家なので大ごとにはならなかったが、プチ公害レベルの惨状に冷や汗がどっと出た。

どれくらいこの状態だったんだろう。

もし何ヶ月もベニヤが露出していたとしたら、雨漏りで小屋の内部は大変なことになってるだろう。床が濡れて腐ってるとか？　そしたら床を張り直すの？　下手したら全部一からやり直すとかもありうる？

うわわわわ!!

あわてて小屋の中に入ると、床に敷いたブルーシートに水が溜まっているものの、床の木材までは浸水していなかった。前回帰るとき、なんとなく床に敷いておいたブルーシートが命運を分けた。何気ない行為に救われることってあるのだなと思いつつ、再び屋根の防水シートを買いにいき、一日かけて張り直した。せっかく来たのに、ただ前回と同じことを繰り返すなんてバカみたい……っていうか本当のバカだ。バカはバカなりにようやくこの状態で放置することは許されないんだと悟り、できるだけ早く屋根の仕上げをすることを固く誓った。

次に小屋に行ったのは、一ヶ月後のゴールデンウィーク。

絶対的に屋根の仕上げが最優先である。

わたしたちが現場につくと、オッキーがすでに到着し、くつろいでいた。前日まで家族でキャンプに行っていて、そのまま車で駆けつけたという。

「楽しみで楽しみで、思わず朝五時に出たら早く着いちゃった」

続いて到着したまゆみさんは、「いいもの持ってきました！」とジャンボサイズの虫取り網と虫かごを取り出した。「わあい、もんしろちょう、とろうー！」とナナは大はしゃぎである。丹羽さんも「川内ファミリーに会うとなんか癒されるんで、遊びにきました」と現れた。今日も平和なスタートだ。

さて、今日の作業は以下の通り。

①「水切り」という金具を屋根の両側に取り付ける。
②屋根材のアスファルト・シングルを張っていく。

一番長いハシゴを小屋の裏側にかけ、わたしとオッキーのふたりで屋根の上に登った。視界が大きくひらけて気持ちがいい。勾配がゆるいので怖くはなかった。

屋根材はいろいろなチョイスがあるが、アスファルト・シングルと呼ばれる防水紙の表面に細かい石を吹き付けたものに決めた。シート状で売られているので、扱いが楽なのがいい。紙なのでカッターでも切れる手軽さと、一平米あたり五〇〇〇円ほど（うちの小屋の場合は計約五万円）という価格が嬉しい。

とはいえ、最初から決定的な難題にぶちあたった。箱に入ったアスファルト・シングルは一箱三〇キロくらいある。とてもじゃないけどハシゴを上りながら持ち上げるなんて、できるわけがない。

ここでまた得意の他力本願ぶりを発揮し、超人ハルクの丹羽さんに屋根の上まで運んでもらう。丹羽さんは「よいしょ」という感じでなんなく持ち上げた。後から、以前レスリングをやっていたと聞いて納得である。

屋根の上で箱をあけ、何枚かを取り出すと、紙やすりみたいにざらざらとしていてアスファルト感がある。張り方は単純で、屋根の勾配の下から上に向かって一部を重ね合わせながら釘で固定していく。釘はトントンと数回も打てばすっすっと入っていくので力はいらない。こんなに薄いシートが本当に風雨から守ってくれるのだろうか。

屋根の上は狭く、かつ足元が斜めなので、ぶつかったり、急に立ち上がったりなど、体のバランスを崩すようなアクションをしないことが肝心だ。「落ちないように気をつけよう」と声をかけあいながら金槌で叩いていく。

コンコン、トントンという音だけがあたりに響く。

半分まで来たところで、休憩を取ることに。屋根に立てかけてある長いハシゴに足をかけようとすると、ハシゴがグラグラと揺れた。

「降りるときが一番危険です。降りている途中でハシゴが倒れたときに備えて、自分がどう行動するかを先に決めとくといいです。屋根の端っこにつかまるか、ジャンプして飛び降りるか。一番まずいのは、ハシゴと一緒に倒れていっちゃうことです」

そんな丹羽さんのアドバイスを受け、しばしイメトレした。屋根の端っこにぶら下がるのは身体能力的に無理なので、いざとなったらジャンプして飛び降りよう。そう決めてゆっくり降りていくと、無事に地面に足がついた。

ちょうどそのとき、東京在住の建築家、曾根岡さん（愛称はソネッチ）が到着した。メキシコに留学中のタクちゃんの後輩である。タクちゃんは、自分が抜けたあとの小屋プロジェクトの行く末に不安を感じていたようで、メキシコに出発する前に「なにかあったらこの人に声をかけて」と連絡先を残してくれたのがソネッチだった。わたしは素直に声をかけた。

今度、小屋づくりに来ませんか？

はい、手伝いたいです。

会ってみるとこれが感じのいい二〇代の若者である。ほっそりと背が高く、肩も腕もガッシリとしていて腕力がありそう。まるで伸びたテープのようにスローなしゃべり方が耳に心地いい。ごくたまにいるのだけど、地顔がすでに笑っている人だ。

しかし、人に歴史あり。以前は、とんでもなくハードな工事の現場監督として働いていたそうで、「家に帰れるのは二ヶ月に一回くらいでした。いつも工事現場で寝ていたから、どこでも寝られますよー」という。そりゃあ、大変な経験でしたね、とかなんとかいいつつ、ツワモノの参入が素直に嬉しい。

ソネッチは到着するなり重さ三〇キロの箱を肩の上に軽々と乗せた。

おおっ！

「重くないの？」

「軽いですねー。コツがあるんです。工事現場ではセメント袋を四つとか五つとかいっぺんに運びますよ」

ということは一〇〇キロってこと？　すごすぎない!?　わたしは改めてここに集まっている人々の傑出した能力に感動した。

ソネッチは、友人のメキシコ人留学生、イヴァンも連れてきていた。イヴァンは状況がよくわかっていないのか、ぼやっと山の景色を眺めている。遡ること二三年前、わたしはアメリカの大学院で中南米の地域研究をして、メキシコにも四回行ったことがあり、ウェルカムモード全開で「ブエノス・ディアス！（おはよう！）」と話しかけた。

イヴァンは、日本に来てまだ二ヶ月目で、初めて東京の外に出た、というようなことをスペイン語で説明した。なるほど、最初の旅がこの変な小屋作りの現場なのか。日本ではみんなが自力で家を建てているわけではないということを説明しなければという使命感に燃え、脳の奥で眠っていたスペイン語を絞り出す。

「エステ・ウナ・カサ・ペケーニャ・パラ・ミ・イハ（これは娘のための、小さな家です）」

「This is a pen」的なかしこまった言い回しだが、二〇年前に習得したスペイン語では、これが限界である。

イヴァンは周辺の風景をじっと見回すと日本語でつぶやいた。

「すごい、ひと、いない」

そうだよねー、これも日本なんだよ、都市と地方で住んでいる人口がまったく違うんだ、というようなことをスペイン語で説明したけれど、通じていたかは謎である。

午後は交代で屋根作業を続けていると、激しい雨が降ってきた。

「雨だから気をつけて！　いったん休憩しよう！」

屋根に乗っているオッキーとソネッチに声をかけたが、職人&現場監督のタフなコンビはむしろハイテンション状態に突入し、「うははは！」と楽しそうな笑い声をあげるばかり。

ねえええええ、ほんとに怪我しないでよ！　とわたしはハシゴの下から全力で叫んだ。心配をよそに、ふたりのおかげで作業は着実に進み、全ての屋根材を張り終えた。

＊

雨漏りの心配から解放されたことを祝し、その夜は小屋でお酒を飲もうよ、おお、いいねー、という展開になった。

いつものとんかつ屋でご飯をたべたあと買い出しをして、小屋に戻る。中に敷いたブルーシートの上で車座になると、ランタンの明かりがみんなの顔をほんのりと照らした。オッキーがカセットコンロで作ってくれた熱燗をチビチビと飲んだ。

ここは標高八〇〇メートル。まだ五月の初めで、日没後の気温は一〇度以下まで下がった。小屋の中は寒く、熱燗が文字通り五臓六腑に染み渡る。火の気のないなかで、大人はなんとか酒のチカラで寒さをしのいでいたが、熱い飲み物が飲めないナナは「寒いよおお！」と半泣きになりながらわたしの膝にへばりついた。わたしはナナを自分のフリースでくるみ、イオ君がポータブルＢＢＱセットで火を熾したが、小さな炎の温かみは気休めにもならなかった。

寒さに負けず、「最近タコを捕まえたくてしょうがないんですよ～！」というタコ愛を語り始めたのはまゆみさんだった。フラメンコが趣味と聞いていたけど、釣りも好きなのか、か。

タコと一対一で勝負したいという。疑似餌でおびき出し、網で捕獲することを夢みていると

多趣味だなと思いながら話を聞く。それも、船から釣るのではなく、大潮のときに磯にいる

ええと、どうしてタコなの？

「だって、あるとき磯でタコを捕まえている人を見ちゃったんですよ。見ちゃったらやるしかないって思って！」

エベレストに挑んだ探検家マロリーの「そこに山があるから」的なものだろうか。

その傍らで、ソネッチは「今日の肉は美味しかったですねえ」としみじみとしている。

「ここのところ、しめじとアスパラガスの味噌汁ばかりを飲んでるので」

毎日味噌汁だけ？　栄養不足にならないの？

「はい、家では味噌汁を食べて、外では好きなものを食べてバランスを取るというか。まあ、それも大した意味がなくて、意味のないことをどれくらい続けられるのかという挑戦なんですけどねー」

ふーむ。よくわからんけど味噌汁にアスパラもおいしそうだね、やってみようという話になった。この小屋に集まる人は、誰も他の人の趣味や生き方を否定しない。「普通は〜」とか「変わってるね」とも言わない。お互いにちゃんと話を聞いているのか、聞いていないのか、薄暗い小屋のなかでは、それもあまり気にならない。

オッキーは裸足でフルマラソンを走り、わたしたちは小屋作りに邁進している。そうか、

ここにいる人は「意味はわからんけどやりたいことをやる」という人種なんだなと納得した。

誰の中にも衝動が渦巻いている。子どももなんか衝動の塊だ。何かを考える前に体が動いて、危ないことや意味不明な遊びに飛び込んでいく。大人になるということは、リスクを理解し、どうにか内なる衝動を手なずけて、経済的な価値や社会的に意義があること、自分がやるべき仕事に集中していくことでもある。しかし、そればかりが続くと、人生は「やるべきこと」「安全な行為」に埋め尽くされ、気づかぬうちに自分の大地はからからに乾いてしまうこともある。だから、こうして自分の楽しみの源泉を大切にしている人に会うと、わたしもひとつ自由になれる気がした。

それにしてもキンキンに寒い。いくら熱燗を追加しても、周囲を取り囲む容赦ない冷気にはまったく対抗できない。ナナはフリースにくるまれてじっと固まったまま、もう「寒い」とすら言わなかった。

ううううう、今日、こんなんで大丈夫かなあ。

実は今夜はここで夜を明かす計画だった。フォーメーションとしては、オッキー、ソネッチ、イヴァンは建設中の小屋の中、うちの家族三人はヒラク君のコンテナを借りる。小屋のほうはまだドアもついていないので、吹きさらしである。

飲み会が終わると、わたしたち家族はコンテナに移動し、床に寝袋を広げた。コンテナのほうは断熱作業も済んでいるので、外気よりは少し暖かい。

念のためTシャツの上にパーカー、さらに上着を着込んで寝袋に入る。いまは寒いけど自分の体温で徐々に温まるはず。そう信じて、わたしは、ナナにぴったりとくっついた。しかし、いつまでも、いつまでも、いつまでも震えるくらい寒かった。

ああ、きっとこの寝袋のせいだ。イオ君が、今回わたしとナナが一緒に入れる巨大な寝袋を購入したのだが、空間に余裕がある分、寝袋の内部が温まらない。これで一晩過ごせるだろうか、という不安を抱えながら身を縮めた。

心配なのはイオ君だ。彼が使っている寝袋はわたしが以前バングラデシュを旅するときに買った一九〇〇円のもので、完全なる夏仕様。このような寒冷な気候に耐えられるはずがなかった。それがわかっていたわたしは、出発する前に、「本当にあの寝袋で大丈夫なの？」と念を押したのだが、彼は「だいじょうぶ、だいじょうぶ！　前もどこかであれで寝たし」と軽やかに断言した。確かに彼は、真冬でも薄い布団でへっちゃら、五月には半袖短パン、ビーチサンダルという男だ。ああ、基本的な体の作りが違うのね、と納得していた。

しかし、三〇分も経った頃、暗闇でゴソゴソと何かが蠢く音が聞こえてきた。どうもイオ君が必死にありったけの服を着込んでいるらしい。

ほうら、言ったじゃないかと思いつつ、そうだ、ナナは大丈夫か!?　と心配になる。そっと様子を窺うと、気持ちよさそうな寝息が聞こえてきた。どこでも寝られる子でよかった。

浅い眠りの中で朝を迎え、庭に出るとイヴァンが疲れきった表情で山を眺めていた。

「ブエノス・ディアス（おはよう）、ビアン・ドルミ？（寝られた？）」と聞くと、「すこし」と日本語で答えた。初めての旅行がこんな展開になってしまい心から申し訳ない。しかも、ビアン・ドルミって、フランス語だし。まあ、通じてるっぽいからいいか。

「他のふたりは？」

「わからない」

しばらくするとオッキーとソネッチが肩を並べて、きゃっきゃと楽しそうに笑いながら戻ってきた。ふたりは早朝から散歩に出かけ、大菩薩峠の茶屋で蕎麦を食べてきたという。「寝られた？」と聞いたら、オッキーは「よく寝ました」と答え、ソネッチは「寒かったので、道端で出会った猫を抱いて暖をとってましたー」とのことだった。


午後からは、昨夜の寒さが嘘のように気温が上がった。寒暖の差が激しすぎる。

ナナとイオ君は、ブランコを作ろうと奮闘していた。

「ここら辺にある端材、使っていい？」

「もちろん、どれでも。ブランコなんてすごいねー！」

ナナは「うん！　パパとつくる！」とやる気に満ちている。

イオ君、変わったなあ。小屋作りをするうちに、彼のなかにも自分で何かを作りたいという衝動が芽生え、スキルも追いついたらしい。ほんの三〇分もしないうちに、「うわあい、ブランコにのれるよー。みんな、きてー！」というナナの興奮した声が聞こえてきた。ヒラク君が立てたぶどう棚用の鉄パイプにロープをかけ、分厚い板を取り付けただけのブランコだ。なかなか頑丈で、大人が乗っても問題なかった。さらにふたりは、花の苗を買ってきて、小屋の前に植えた。

「ねえ、みて、おはな、きれいだよー」

ナナは、そう自慢してまわった。

一方のわたしは、気温の上昇のせいか、昨夜の睡眠不足のせいなのか、体に力が入らない。なんだか調子が上がらないなと思っているうちに体調はどんどん悪くなっていった。ちょっと休んでくる、といって日陰で横になった。その間にも、体力と気力が全身にみなぎるソネッチとオッキーを中心に作業は続行した。

頭がズキズキ脈打ち、体が熱くてたまらない。あれ、もしかしたら軽い熱中症なのかも、と思いながら頭に濡れタオルをのせた。

水分をとって二時間ほど静かに横になっていたが、それでもかなり気分が悪く、吐き気がした。これはもう、間違いなく熱中症だろう。

みんなは何らかの作業をしているようだ。ときおり遠くから聞こえてくる楽しそうな笑い声だけが救いである。

作業を終える時間になっても、わたしはまだ横になっていた。

ようやく起き上がると、なんと小屋にドアが設置されていた。前にヤフオクで購入しておいた観音開きの大きなドアである。ドアが入った小屋は急に顔つきがかわり、かわいらしくなった。

すごい。もはや自分がいなくても物事が動いていることに感動を覚えた。

みんなは片付けを終えて家に戻ったが、わたしは動くこともままならない。急遽予定を変更し、近所の温泉旅館に泊まることにする。旅館でふかふかで清潔な布団に横になるとほっとした。夕飯も喉を通らず、ズタボロなわたしを心配したイオ君とナナが、スポーツドリンクと冷えピタを買ってきてくれた。

「ママ、だいじょうぶ？　ママ、ひえピタだよ。おでこにはって」

いままでは常に心配される側だったナナが、逆にわたしを気遣ってくれている。大きくなったよねえ。

「ありがとう」

それを貼ると、少しだけ気分がよくなった。

第13章

全ては窓辺の景色のために

窓が好きだ。

同じ景色でも、窓越しに見るだけでより詩情に溢れてくる。

たとえばパリ。その街並みは、ただ眺めるだけでも美しいけど、窓越しに見るパリにはさらにハッとさせられる。四角い枠に切り取られた景色には、言葉にはならない物語が生まれる。振り返れば、わたしがパリ滞在中に書いた最初の本、『パリでメシを食う。』の表紙は、アパルトマンの窓辺を描いた絵だった。窓の向こうには、小さなエッフェル塔のシルエットが入っている。気がつく人はほとんどいないけど。

アンリ・マティスにエドワード・ホッパーなど、窓に魅せられたアーティストは数えきれない。マティスは、自身のアトリエの窓辺やベランダにいる人々を好んで描き続けた。特に

《開いた窓　コリウール》は、マティスらしい一作。大きく開け放った窓から見える南仏の海を描いたものだが、ピンクや赤、濃い緑が多用された窓辺は、のびのびとした開放感に満ち溢れている。そしてホッパーは、わたしが幼い頃から心惹かれる画家のひとり。マティスとは対照的に、その静けさと孤独感が魅力だ。《海辺の部屋》では、誰もいない部屋のドアが大きく開かれ、外にはやはり穏やかな海が描かれている。見ているだけで心が鎮まるような独特の魅力がある。

いまさらだが、窓やドアといった建具は、家の雰囲気を決定づける超重要アイテムである。わたしたちの小屋の場合、遠くに見える南アルプスの稜線をいかにうまく切り取るかが、窓辺のポイントになるだろう。

建築手順でいうと、建具は少なくとも「壁パネル」を作る前、つまり設計の段階で決めておくのが理想である。建具が決定していれば、窓やドアのサイズに合わせて壁に穴をあけておいた上で、壁を組み上げることができる。しかし、設計のド素人のわたしには、実際にモノがない状態で建具のサイズというディテールまで決定するのがなんとも難しかったので、後から考えることにしていた。

ひとくちに窓といっても、いろいろな形状がある。

日本で主流なのは横にスライドして開閉するサッシだが、アメリカでは上下に開閉する「上げ下げ窓」、フランスは、幅の狭い観音開きの「フランス窓」がポピュラーだ。また、窓枠の素材も木製、樹脂、アルミなどがあり、素材によって気密性が異なる。耐久性や気密性が高いのは樹脂やアルミ。ガラスも、二重や三重にしたり、厚ければ厚いほど気密性が高い。日本で手に入りやすいのは圧倒的に樹脂やアルミの窓である。一方、木も決して断熱性は低くないらしいが、建物や窓枠に歪みや狂いが生じると、もはやぴっちりとは閉まらず、気密性は低くなる。パリに住んでいた頃、わたしは、雰囲気のある木枠の窓のアパルトマンに住んでいたのだが、激しい雨が降るたびに木が膨張して窓が閉まらなくなり、隙間風が家のなかを吹き抜けた。いくらストーブを焚いても部屋は温まらないので、身体中に毛布を巻きつけてしのいでいた。

そんな経験があるにもかかわらず、わたしは木枠の窓に惹かれていた。なんだかんだ言いつつも、木枠の窓から見える景色を愛していた。

やっぱり利便性より、デザインを取っちゃおうかな……。

ひとりで悩むのも疲れるので、イオ君にも意見を求めると、「寒いのは嫌だから断熱性が高い窓がいい。二重ガラスとか」とあっさりと言う。

え、そんな爆弾を唐突に落とさないでくれー。

「えっ、二重ガラス？　高いよ！」

「まあね、でもそこはお金を使うところなんじゃない？」

「うーん、そうかもしれないけど……」

こういうときの彼は、その場の気分や直感で言葉を発しているに過ぎない。それらの言葉はいずれ本人にすら忘れられてしまうので、真剣に受けとめすぎると、あとで、あれれ？あの主張はいったいなんだったの？　ということになる。

あらゆるオプションをあらゆる角度から検討したいわたしは、よし、ここはちょっと慎重に議論を運ぼうと思った。

「オッケー。でも、建具についてはすっごく悩んでるから、落ち着いたタイミングでちゃんと相談したいな。そうだ、ランチを食べながら相談しよう。ほら、あの気になっていた本格ハンバーガーショップに行こうよ」

ほぼ毎日締切に追われているイオ君は、窓ひとつでそこまでしないといけないの？　というような戸惑った表情を浮かべつつ、ああ、あそこね、一度入ってみたかったと答えた。

夫婦間でわざわざ外食に誘って相談するなんて大げさな、同じ屋根の下、いくらでも相談するタイミングはあるだろうに、と感じるかもしれない。それが、普段の生活においては、何かをじっくり相談する余裕など全くないのである。この頃、ナナは目が覚めてから眠るまで、ひたすら喋り続けていた。わたしはときに静寂が恋しくなり、「ねえ、三分でいいから黙ってるっていうゲームしようか？」と聞くのだが、「むりー、だまってられない、あのさ、それでさ、ナナさ……」と何かを喋りはじめ、だいたい「ママ、パパ、あそぼう、あそぼう！　なにしてあそぶ？」という展開になる。ナナはひとりでほうっておかれることをとことん嫌うので、一緒にいるときは大抵トランプだのリカちゃん遊びだのをしている。さらに最近の彼女は、少しでも自分が理解不能な会話が続くと、「ねー、パパとママばっかりおはなしして、ズルい！　おとなのはなしつまんない。ナナのはなしをしてよー！」と全力で抗議の声をあげる。これは、うちだけの現象かと思ったら、この年頃の子というのは、そういうものらしい。とにかくいつでも会話の中心にいないと気が済まない。おかげで、ナナがいるときは、わたしたちは込み入った会話がひとつもできなかった。

そしてイオ君は、朝ナナを保育園に送りにいったあとは、カフェを巡りながら原稿を執筆し、外でランチを食べ、夕飯の時間に家に帰ってくるという習慣である。一方のわたしは家で仕事をするので、ランチも含め一日中家にいる。だから、なにか相談ごとがあるときは、お互いの中間地点にあるお店でランチをすることになっていた。今回は、近所にあるこだわりのハンバーガーショップがわたしたちの会議室である。

＊

ふたりともチーズバーガーを頼むと、わたしは「建具には、機能や素材、見た目といろんなものがあるんだよ」とにわか知識を披露した。

「ふんふん」

「イオ君は機能性重視で二重ガラスの窓がいいって言ってたね。でも、せっかく作る小屋なのに、世の中、どこにでもある窓ってつまらない気がしない？　雰囲気重視の木製の窓とかもありかなってわたしは思うんだけど、その一方で、木製の窓は隙間もできやすいから気密性が落ちるんだ」

「なるほどー。じゃあ、雰囲気もよくて断熱も優れてるものってないの？」

「あるけど、それがめちゃ高いんだよ」

その二つを兼ね備えたものといえば、木製の断熱窓である。北欧などで製造されているものが主流で、一枚一〇万円くらいするのだ。

「おー、そりゃ、高い！」

「そもそも、ドアも含めて建具全部の予算は一五万円なの。なんとなくだけど、ドアが五万円、窓四枚で一〇万円に収まるとありがたい」

「ということは、窓一枚で二万五〇〇〇円か」

「そうそう。まあ、そういうわけで、木製の断熱窓は無理そうなのね。そのほか、雰囲気重視でいくと、中古とか手製の木製窓もネットとかで売られているんだけど、見るからに気密性は望めそうにないんだ。要するに快適性重視でいくか、雰囲気重視でいくか、それが最初の分かれ道！」

そこまで話すと、ようやくポイントを飲み込んだらしい。バクバクと大きなハンバーガーを食べながら、断固とした口調でこう言った。

「どうせ作るなら、俺たちらしい小屋がいいよね。そう考えると、機能重視じゃなくて、デザイン重視にしようよ！　俺も個性的で素敵な小屋のほうがいい」

朝とは言っていることが真逆だったが、わたしはすっかり嬉しくなった。イオ君に「俺たちの小屋だから」と言われたことで、迷いが一気に吹っ切れた。

「じゃあ、そうしよう！」

「具体的にはどんなのがいいの？」

「味があって雰囲気がいい木製の窓がいい。できれば、フランスにあるような、縦長の両開きの窓がいいなあ。大きく開くから気持ちいいもん」

「うん、いいね。どんな大きさ？　俺もネットとかで探してみるよ」

わたしは、もろもろの希望を伝え、あとはイオ君がリサーチをすることになった。

そして午後には、ひととおりの結果が送られてきた。新品や中古を含め、色々あったが、素敵なアンティークスタイルの窓はどれも予算をオーバーしている。その他は多くが昭和のガタガタした窓ばかり。これも味があって悪くないけれど、ハイジとはだいぶ離れる感じがした。

しばらくすると、わたしはネットの海を泳ぐのが嫌になりだんだん投げやりになってきた。なんかこの感じデジャヴュじゃないか？　そうして、ひらめいた。

そうだ、自分で作ればいいんだ！

そもそも、窓は自作できるものだろうか。まあ、窓枠自体は、額縁みたいな形だから、作れなくはないだろう。ＤＩＹがっこうでも、額縁は人気の製作アイテムだった。問題はガラスである。

窓に使えるような大きくてぶ厚いガラスって、どこに売ってるのかしら。

ホームセンターに問い合わせたが、ガラスは取り扱いがないとのこと。ネットで専門業者にオーダーすることはできそうだが、家に送ってもらったところで作業できないし、落ち着いて木材の加工ができる工房とかまで運ぶとなると、それはそれで厄介だ。山梨の現場で作るという手はあるけれど、窓作りにはまあまあ精密な溝加工などが必要になるので、いつもの工具では作れない。

どうしよう。作るか、買うか。

考えているうちに数週間が過ぎた。そして、家から近い目黒通りを自転車で走っていたある日のことだった。あたりには、アンティークショップや家具屋、古道具屋がずらっと軒を連ねている。わたしは普段からその辺を散歩するのが好きだった。

いつも通り、古道具屋さんの軒先をチェックしていると、一軒の店の前に、古くて大きな額縁がたくさん並べられているのが目に入った。

こういうものを応用して窓が作れないだろうか。

手にとってみると、いかにもガラスが薄すぎる。やはり額縁は額縁、似て非なるものらしい。

そのとき、店主の男性が出てきて「何か探してるの？」と声をかけてきた。

「えーと、額縁を改造して『窓』が作れないかと思いまして」

わたしは、いま自作の小屋を作っていて、窓を作りたいのだと話した。

店主のおじさんは、道端で変わった柄の犬でも見つけたような目になった。

「へえ！　小屋を作ってんの。おもしろいねー」

「まあ、ちょっとずつですけどね」

「外用の窓？　窓にするには、割れたときにガラスを交換できるように加工しておかないとねー、ほらこっち側に小さいパーツをつけるの」

そう言うと額縁の裏側をひっくりかえして、いろいろと説明をしてくれた。

「わあ、よくご存じなんですね」

「うちは、いろいろ注文家具とか作ってるからね。職人もいるし」

「なるほどー。わたしにも窓が作れるかなあ」

「できるんじゃない。じゃあ、うちで作る？　職人もいるから教えてもらいながら作ったら？」

「えー！　いいんですか」

「うん、いいよー」

指導料込みの価格を聞くと、ギリギリ予算内に収まりそうだ。

様々な注文家具を作っているこのお店では、好きなサイズのガラスを注文できるという。

やったあ、とそのままお店の机を陣取り、デザインを考え始めた。

観音開きでいこうかと思ったが、自分で作るにはちょっと複雑すぎる気がしてきたので、かわりに六〇センチ四方の横開きの窓を作ることに決めた。正方形の窓って愛嬌がある。小屋の側面にひとつずつはめこめば、風が抜けて気持ちがいいだろう。窓枠の素材は加工しやすいパイン材を選んだ。

その場でガラスと木材を注文し、二週間後に再訪する約束をした。

迎えた当日。待っていてくれたのは、イギリスで家具職人として働いていたという物静かな男性だった。

「イギリス王室の家具も製作したことがあります」とゴージャスな食器棚の写真も見せてくれる。すごい、こんなに本格的な人に教えてもらえるなんて。

「じゃあ、さっそく始めましょう」

まずは、電動ノコギリに材木をセットして、均等に切り揃える。ここは、簡単なパートだ。次にガラスをきっちりとはめこむために、機械を使って溝を掘る。慣れないとやや難しい作業だが、わたしはDIYがっこうで板をはめこんだ扉を作ったことがあり、似たような溝を掘った経験があった。

巨大な機械のスイッチをいれると、刃物がギュンギュンと音を立てて回り始めた。当然ながらプロ仕様の機械である。

「とにかく手を切らないように気をつけてください」と職人さんはお手本を見せてくれた。

「木材をスライドさせるとき、なるべく刃物から手を遠ざけるように持ち替えてください。刃物に手があたったら、指なんか一気にすっ飛びますよ」

緊張しながら、一本ずつ木材を押しあて、スイッチをいれる。ギュンギュンと回転する刃物に沿って木材をゆっくりとスライドさせる。最初は力加減がわからず、木材がガタガタと動いてしまい、溝の深さにムラができてしまったが、慣れてくるとかなり均等に溝が掘れるようになった。

そうして、一時間ほどかけて、たくさんの溝を掘り終え、窓枠を組み立てた。ガラスが割れても交換できるように、取り外しができるパーツでガラスを固定する。取っ手をつければ手製の窓の完成。しめて二時間ほどの作業である。

「うわー、ほんとに、できた！」

シンプルながら、なかなか素敵な窓に見えた。

最後に作ったのは、ロフト用の窓だった。ハイジのような丸い窓は無理だったが、高さ三〇センチの四角い小さな窓で、胸がときめいた。いつか、ここから山を眺めるんだ。

第14章

ときには雨もいいものだ

二〇一九年六月某日の天気予報は、「くもり、時々雨」。

厄介な予報である。その「時々」っていうの、お願いだからやめて欲しい。「終日、雨！」と言われれば潔く作業中止にするのだが、「時々」って言われると迷ってしまう。ちなみに、雨ほどじゃないけどゲンナリするのが、「雲ひとつない快晴」ってやつ。標高が高い場所においての「晴れ」の太陽光線は、全身をグサグサ突き刺すような凶器と化す。じゃあ、一番の作業日和はなんなのかと問われれば、ズバリ「くもり」。小屋作りを始めてからというもののわたしは、世間で脚光を浴びることのない「くもり」という天候が大好きになった。

それで？「時々雨」って具体的には何時にどれくらい降るんだ？　わたしは天気予報をしつこく眺めながら、小屋仲間たちにメッセージを送った。

「雨が降るかもしれないから、たいした作業はできないかも」

するど、行政書士でタコを捕まえたいまゆみさんから、素早いリアクションがあった。

「わたしは究極の晴れ女なので、むしろ行った方が良いかもしれないですね。でも日中に用事があるので、それが終わったら行きます!」

なんという責任感だろう。

それでは、究極の晴れ女パワーに賭けて、いざ山梨へ――。


屋根が終わったいま、外側に外壁材を張る段階に入った。実はすでに半年間もベニヤに防水シートを巻いただけの状態で放置していた。通常の建設現場では、絶対にありえない状況である。一刻も早く外壁を張るべきなのは重々わかっているのだが、天気予報の雨マークも無視しがたい。だって、雨の日は足場も悪いし、部材は濡れて傷んでしまうから。

そこで今回のところは、防水シートの性能を愚直に信じ、外壁張りはまた保留に。なにか室内でできる作業をしようということになった。

現地につくと、霧雨が降っていた。頭上はグレーの分厚い雲で覆われている。これはもう「時々」などではなく、一日中しっかり雨かもしれないと覚悟した。

レインジャケットを着込んで、長靴を履く。子どもは雨が大好きなので、ナナは喜んで雨の中に突入していった。

このあいだ草刈りをしたばかりだというのに、すでに腰くらいの高さの雑草がみっしりと生えている。「一ヶ月でこんなに伸びるんだね」。イオ君が呆然としながら雑草をはらった。ナナは前回、庭のあちこちに花を植えていたのだが、すっぽりと草に埋もれていた。

「お花さーん、みんな、どこいっちゃったんだろう。あ、ここにいたよー」

なんとか花を救出しようと、自分の背丈の半分ほどある草むらに分け入っていく。ナナは、ひとつひとつの花に「ベルちゃん」や「道路ちゃん」などの名前をつけていた。「道路ちゃああん！」と呼びかけるたびに、草の合間から、バッタやカマキリ、カエルなどが飛び出てきた。ナナは、それらを一匹ずつ捕まえては虫かごにいれた。

久しぶりに、家族三人だけの作業だった。天気を変えるスーパーパワーを持つまゆみさんからは連絡もないが、きっと用事が長引いているのだろう。わたしは、鎌を持ってゆっくりと草を刈っていった。

雨は、小屋にもわたしたちにも草にも山にもただ均等に降り注ぎ続ける。うっすらとした霧雨の中にいると、瞑想しているかのような静けさがあり、心が少しずつ鎮まっていくのを感じる。ああ、こういう雨ならば、雨もいいものだ。

時間の流れと心の動きは連動している。慌ただしい時間のなかにいると頭も心もそこについていこうとフル回転するし、ゆったりとした時間のなかにいれば心も落ち着きを取り戻す。スケジュールや計画に縛られてフル回転ばかりが続くと体も心も緊張し、疲れきってしまう。

どんなに忙しくても、山梨にくると、前日までの仕事はきれいに忘れた。ただ目の前にある物ごとだけに集中した。草を刈る。材料を準備する。材木を手に取る。サイズを測る。切る。間違う。また切る。張り付ける。やり直す。塗料を塗る。片付ける。ご飯を食べる。片付ける。それらが延々と繰り返される。普段の取材や執筆とはまったく異質な時間の流れは、緊張していた心と体を緩ませてくれた。大変だった壁作りや建前を終えたいま、小屋作業は忙しい日常で疲れた自分を癒す存在になりつつあった。

誤解のないようにいうと、わたしはフル回転もかなり好きだ。結局のところ、わたしは常に未知の世界や刺激を求めて旅をし、誰かと出会い、笑ったり、泣いたりしながら、ジタバタともがき続ける人生を選ぶのだろう。口先では、もっと休みたい、ゆっくりしたい、とか訴えながらも、常に未知に向かって行動していることでしか自分の存在を確かめられず、必死になってもがくことでしか、生きている実感を得られない。それは、ナナという自分の子どもがいようといまいとまったく同じなのだった。

この頃、わたしはまた追いかけてみたい執筆テーマと出会っていた。それは目の見えない白鳥建二さんという男性と美術館に行ってアート作品を見る、という内容のノンフィクションである。もともとは、美術館で働く昔ながらの友人に「一緒に作品を見ると本当におもしろいよ！」と白鳥さんを紹介され、え、全盲なのにアートを楽しむってどういうこと？　と思いながらあくまでも趣味のサークル的に一緒に美術館をめぐっていた。この「一緒に見る」という行為、そしてその先に見えてきた世界には簡単に言葉にしがたい奥深さがあり、いつの頃からかこの体験を一冊にまとめたいと思うようになった。せっかくだから今までとはまた違う表現方法にトライしてみたい。事前に構成を決め、目次を作り、それに沿って本を書くのではなく、何が起こるかわからないグループ感そのものを描く。様々なアート作品を前にして、我々は何を見て、何を語るのか。見えないからこそ見えるものはあるのか。世の中で美術の本は数多くあるが、作品を前にした自由な会話を描いたものはほとんどない。もしかしたら、まだ誰も書いたことがないような本ができあがるかも、とスリリングな喜びを感じた。

とはいえ、前回のように、締め切りに追われてがむしゃらに突き進むような書き方はしたくない。ゆるりとした日常のなかで体験が積み重なり、それを書き溜めることで自ずと原稿ができていったらいい。そんなふうに思っていた。

*

雨脚が強まってきたので、小屋の中に退避する。

ナナも退屈しているようなので、あちこちに転がる端材に絵を描いてもいいよ、と言うと、わしっとクレヨンをつかんでひらがなを書き始めた。そういえば、三ヶ月前にいちど「ありがとう」とだけ書いたお手紙をくれたが、それ以降はひらがなを書いたのを見たことがなかった。いつごろ文字を書き始めるのかな、と思っていたけれど、こんなに堰（せき）を切ったように書き始めるのは意外だった。急に文字と脳の回路がつながったのかも。

それにしても、雨は止む様子がない。天気予報って当たるんだなあ。ゆっくり家具でも作るかな、と考えていると、ナナが「本を読むための椅子が欲しい」と言い出した。

「うん、椅子が欲しいのね！　じゃあ、ママと一緒に作ろうか」

「やりたあああい！」

ちょうどツーバイ材の余りがたくさんあるので、「じゃあ、まずは、これくらいの長さの板を探してきて」と三〇センチほどの長さを手で示してみせた。

「わかった！　まってて、ママは来なくてだいじょうぶだから！」とナナは叫び、端材が積んである一角に飛んでいった。三分ほどで戻ってきて「ママ！　あったよ！　これどう？」と何枚かの板を抱えている。

「いいねえ。ただ、これだとちょっと背もたれを作るには長さが足りないかな。背もたれがない椅子でもいいのかな？」

「だめ！　それじゃ、ベンチになっちゃうよ。ほしいのは、おいすなんだよ」

「そうだね、じゃあ、もっと長い板を探さないとね。もう一回行っておいで」

「わかった、いってくる！」

ナナは、小屋の敷地内をくまなく歩き回って長い端材を探してきた。

材料が揃うと、板をカットするのはわたしで、ビスで組み立てるのはナナと、役割分担を決めた。インパクトドライバーを取り出すと、ナナは「それ、使い方わかるよ！」と飛びついた。以前、近所の商業施設で行われたプランター作りのワークショップに参加し、インパクトドライバーの使い方を習ったことがあった。

「じゃあ、まずはママがお手本を見せよう。そのあとは、自分でやってごらん」

道具の使い方と注意すべきことを教えたあとインパクトドライバーを渡すと、ナナはビスをビットの先にくっつけ、「これをしっかりと板にあてるんだよね」と言いながら、トリガーを引く。最初はビスがグラグラとして安定しないのでわたしも手を添えたが、途中からはひとりで打ち込めるようになった。

「いいよ、上手だよ」

こうしてできあがったのは、座面が六角形のちょっと変わった椅子。正面から見るとウサギの顔に似ているので「ウサギさんの、おいすだね」とナナは満足げに言った。

「よくできたねー、頑張ったね」

わたしは褒め称えたが、ナナはそう感動することもなく、さっさと椅子に座り、本を読み始めた。ずっと小屋作りを見てきたナナにとっては、椅子なんて折り紙の紙飛行機と同じようなものなのかもしれない。

相変わらず雨は降り続けている。

そこに、大工の丹羽さんが「時間が空いたので様子を見に来てみました」と現れた。嬉しいサプライズである。じゃあ、なにか大物にとりかかろうということになり、ロフトを作ることにした。

ロフトといっても、大きめの二段ベッドのようなイメージである。ちなみに世のタイニーハウスのほぼ全てにロフトスペースは存在する。少しでもスペースを広く使おうとするとロフトは不可欠なのだ。サイズ的には大きすぎると圧迫感があるが、小さすぎても窮屈である。あれこれ悩んで、ロフトは、シングルベッド大の幅一〇〇センチに決めた。ギリギリ、わたしとナナが一緒に眠れる大きさだ。もちろんナナが成長したら狭くなるが、あまり先のことは考えないでおく。

太い角材を支柱にして、支柱と小屋の壁パネルをつなぐように四角く板を組んでいく。ちょうど大きなベニヤ板が余っていたので、その四角い枠の上に天板のように載せてみた。意外としっかりしている。よーし、できあがった。

「ナナ、おいで！　二階ができたよ！」と呼ぶと、すぐに飛んできた。上からわたしたちを見下ろすと、「ここはナナのおへやだよ！　きょう、ここで寝る！」とはしゃいだ。わたしも上がってみると、屋根裏部屋のようなこもり感がある。あとは階段を作り、枕元に小さな窓をつければ完璧である。

そこにもっちゃんもやってきて、絵本を読み始めた。ナナがいま凝っているのは『おしりたんてい』である。まったく、お尻が顔の探偵なんて、大人の想像を超越している。

「ナナちゃん、読んで」ともっちゃんがいうと、「うん、わかった！　じゃあ、最初から読むよ」とナナが声に出して読み始めた。

午後になると雨が止んだので、大きな部材のペンキ塗りを開始した。

「お手伝いするー！」と、ナナもやってきた。

「ペンキがつくから、手袋をした方がいいよ」

「うん」

ナナは自分で刷毛を取りに行き、子ども用の軍手をはめて戻ってきた。

「どうやればいいの？」

そう聞く目は、真剣だ。美しい。

「上の方はママが担当で、下の方がナナの担当だよ」

「うん、わかった！」

二人でせっせと刷毛とローラーを動かす。わたしが追加のペンキを取りに行っている間もナナは黙々と塗り続けている。戻ると「ママ、みてごらん。こんなにぬれたよ！」と誇らしげにニコッとした。

塗り終わってよく見ると、ペンキの一部がぽこっと浮き出ていて、「なんだろう」と観察すると、小さなカマキリの形をしていた。せっせとローラーを動かすうちに罪もない赤ちゃんカマキリを塗り込めてしまったようだ。

「ママ、ちゃんとみないとだめだよ！　カマキリがかわいそうだよお！」とナナは厳重に抗議した。彼女は虫を愛している。小さな土地だけど、たくさんの生き物がここで生きている。たまに来ては一気に草を薙ぎ倒していくわたしたちは、小さな生き物にとっては迷惑な存在だろう。

「そうだね、これからはちゃんと見る」

「やくそく、だよ」

「約束する」


夕方になり、そろそろ作業を終えよう……。そう思ったそのタイミングで、小型車が目の前にキキッと停まった。

「こんにちはー!」

まゆみさんだった。つやつやと整った黒い髪に綺麗なワンピースを身につけていて、別世界からワープしてきたみたいだ。

「わあ、ほんとに来てくれたんだ! でも、作業は終わりなんだけど」

「そんな気がしてました。仕事が長引いちゃって。でも来られてよかった!」

「じゃあ、温泉と夕飯でも行こうよ」

「それが、もうちょっとしたら、家に帰らないといけないんです!」

「えええ! なんで? いま東京から来たばっかりなのに?」

「うん、カズ(高校生になった息子)の夕飯を作らないで来てしまって。早く家に帰って作ってあげないと!」

「そんなに忙しい合間に来てくれたの?」

「まあ、ちょうどカーシェアでクルマも見つかったので来ちゃえと思って!」

本当に仕事のあとに駆けつけてくれたようだ。しかし、なぜ、「今日は仕事が遅くなってしまって来られない」と言わなかったのか。

もしかしたら、本気で晴れ女パワーを発揮しに来たとか？

空を見あげると、確かにいまも雨は止んでいた。

ねえ、せめて夕飯くらい食べようよ、ゆっくりしていってよ、としつこく誘う。ナナも「まゆみさん、まゆみさん、かえっちゃいやだ。トンカツをたべよう」とまとわりついている。

まゆみさんは、少し考えこんで「そうですね、そうします！　カズに電話します」と答えた。まゆみさんは、夫と死別した後、ひとりで息子を育てている。だから、自分がやりたいことと、母親や仕事人としてやらねばならないことの間でいったりきたりしているのだろう。

結局まゆみさんは、東京に帰るのが億劫になったのか、夕飯を食べたあとは温泉宿に泊まっていった。そして、翌朝は誰よりも早起きしてどこかに出かけていった。

お昼頃、再び小屋に現れると、まゆみさんは登山口の売店で買ったわらび餅を差し入れしてくれて、さっと小型車に乗り込み東京方面に消えていった。後から聞いたところによれば、ワンピースとテニスシューズという格好のまま大菩薩峠に登頂したらしい。大菩薩峠は一応二〇〇〇メートル級の山なのでけっこう驚いた。

「みんなでいつか登りたいなと思って、ちょっと登山口まで見にいこうと思ったら、そのまま頂上まで行っちゃいました」

若い頃からそれなりの登山経験があり、山の怖さもよくわかっているので、この日も雨具や非常食に草餅を持っていったとのことだった。

　一方わたしは、大量の端材を利用してロフト用の階段を作った。大小の箱を作り、それを重ねたり並べたりすると、あら、不思議！　階段であると同時に収納にもなるという優れもののできあがり、という計画だったが、何回も計算ミスをしてしまい完成までに五時間くらいを要した。できあがったのは、幅三八センチの細い階段。

「ナナ、階段ができたから登ってみて」というと、勢いよくトントンと登った。

　そういえばまゆみさんは、小屋作業はなにひとつせずに帰ったんだと思うと、なんだかおかしかった。

　さて、次こそは本当に外壁を張らなければ。夏の台風が来る前に。

第15章

終わらない台風との戦い

二〇一九年八月——。

外壁作業が先か、台風で吹っ飛ばされるのが先か——。

そういう重大局面にわたしたちはいた。

現状の小屋の状態をおさらいしよう。

一言でまとめると、去年の建前のときのままである。つまり合板に防水シートを一枚ピラッと巻いただけ。ありえない。人間でいえば下着一枚で出歩いているような恥ずべき状態だ。

しかも、外壁を張っていないぶん小屋は軽く、基礎の束石の上に載っているだけだから、強い台風が来たら、一発で、ぶおおおんー、バキバキッ！　ぎゃあああああ！　という惨事もありえた。

「いい加減に外壁を張らないと。ほんとに焦ってきた！」と言うと、イオ君は「ああ、そうだよねー、そろそろだよねー」とまったく気持ちが入っていない声で答えた。彼は、毎回の小屋時間を楽しんではいたものの、全体の進み具合までは気にかけてくれない。

そうこうするうちにフィリピン沖あたりでボコボコと台風が発生し、天気予報が激しいプレッシャーとしてのしかかってきた。

「ねえ、他人事になってないで、急いで壁材を探してよ〜」とプレッシャーをすぐさまイオ君に転換した。検索が趣味の彼は、「ええと、了解！　どんなのがいいんだっけ？」とスマホを取り出した。

世に外壁素材はいろいろあるけれど、わたしは最初から無垢の木材と決めていたので悩む余地はあまりなかった。問題は、その大量の材木をどこから調達するかである。ホームセンターから運んでくるのも大変だし、遠くから輸送するとコストがかかる。わたしがいくつかの条件を伝えると、イオ君はさっそく携帯を操作し、三分ほどで「ここに頼むといいかも」と塩山にある材木屋のホームページのリンクを送ってきた。

「おお、こんなところがあったのね、知らなかった」

さっそく電話をかける。

「外壁用の木材を探してます、高くないものがいいです」とざっくり相談すると、「カンナ仕上げのいい杉材がありますよ」と、サンプルを送ってくれた。見てみると、表面の加工は滑らかできれいだ。カンナ仕上げはツルツルで、水や汚れを弾く機能もある。長さが四メートルもあるので、木材同士を継がないで一気に張れるのもよかった。

即決。

この材木屋さん、なにが驚くって、二一世紀には珍しく「信頼」のみをベースにした取引方法である。電話でオーダーしたあとは、お金を払ってもいないのに無料で現場まで届けてくれるというのだ。

「お金はその日に直接渡してくれてもいいし、実際の物を確認したあとに振り込んでくれてもいいですよ」

さすが地元の材木屋さん、ありがとうございます。

次に決めるべきは、縦向きに張るか、横向きに張るか——。それだけでも印象はだいぶ変わってくる。

決めかねて『アルプスの少女ハイジ』のおじいさんの小屋をチェックすると、丸太小屋なので木材は横向きだった。よし、横向きに決定しよう。

持っていく道具が多かったので、久しぶりにレンタカーで行くことにした。まゆみさんも来ると言うので、朝八時に五反田駅でピックアップする。

「一〇時頃には小屋に着けるよ」

パンを食べたり、音楽を聴いたりして気楽なドライブの始まりである。

……ところが、高速道路に入った直後にピタリと車の流れが止まった。どうやらまたまた中央自動車道で事故が発生しているようだ。まあそのうち流れるだろう、と悠然と構えていたのだが、立川に着いた時点でまさかの一一時。

「たった三〇キロ進むのに三時間だよ！　自転車より遅いっ！」（有緒）

「ママあ、トイレいきたいよ」（ナナ）

「ちょっと待って、サービスエリアある？」（有緒）

「あああ、ちょっと待って！　うわ、だめだ、だいぶ先だ」（イオ君）

「大変です、八王子付近でまた新しい事故だそうです」（まゆみさん）

……という、かつてのゴールデンウィークのときと酷似した阿鼻叫喚が再生産され、高速道路というものに再び絶望したわたしたちは一般道で突き進む羽目になった。しかも今回は目的地まで八〇キロもあるじゃないか。

いったいどうなっちゃうんだろ。人生は未知の連続だ。

八王子から奥多摩方面に抜け、ウネウネとした山道を進む。車窓には深い渓谷が織りなす美しい景色が広がっている。そうだ、これはドライブなんだ、景色を楽しみに来てるんだ。そう思いこめば、さっきよりマシな気分になれた。

「釣りとかできるのかな。うわあ、きれい！　行ってみたいー！」

イライラすることもなく話し続けているのは、まゆみさんだった。

「まゆみさんがいてくれて良かった〜。たぶんうちの家族だけだったら絶望しかなかった」

わたしが言うと、「これはこれで楽しいですよ」とニコッとした。

人間の美しさに触れつつ、ようやく塩山に着いたのは午後二時である。「時間との戦い」などと豪語していたわりに、大敗してしまった。

外壁材は約束通りに小屋の敷地内にどさっと置かれていた。すぐに作業をスタートする。そこに、不吉な情報が入ってきた。大きな台風が関東に急接近しているとかなんとか。ぬあんだとーー！　ただ暴風域に入るのは翌日（日曜日）の深夜とのことなので、超特急で防腐剤塗布の作業を進める。実際に張るところまでいけなくても、下準備だけでも進めたい。

ナナにもローラーを持たせ、一致団結！　とにかく防腐剤を塗って塗って塗りまくる。もはや効率主義をフィロソフィカルに否定している場合ではない。全員必死に手を動かせー、ひとつになれー、というわたしの気迫におされ、ナナも一生懸命にローラーを動かしていた。

一夜明けた翌朝はカラリとした快晴で、台風の気配はまるでない。しかし、天気予報サイトを見ると、不吉な円陣は着実にこちらに近づいている。よし、今日も手を動かすんだー、急げー、とわたしは容赦無く全員を煽りまくり、休憩もとらずに作業を続けた結果、なんとか全ての材料に防腐剤を塗り終えることができた。もう今日はこれで十分だ。

「さあ、急いで帰ろう！」

台風に備えて、全ての材料を分厚いブルーシートでくるみ、ロープで固く縛ったあとは、小屋と塀の間の風が当たらなそうな場所に置いた。

お願い、飛ばされないでいてください……。

そして、午後二時には急いで出発し、夕方には東京の自宅に着いた。

夜になっても特に台風が近づいてくる気配はなかった。

なんだ、大丈夫そうじゃん、とか思っていた深夜――。世界が一変した。

ガタガタガタ！　バリバリバリ！

暴力的に窓を揺さぶる凄まじい風の音で目が覚めた。

ガラスが割れるかも、というほどに窓全体が激しく揺れている。こんな音のなかで、眠れるわけがない。しかし、どういうことか、イオ君とナナはすやすやと眠っている。この人たち、どういう神経してるんだ？

わたしは小屋や木材が吹っ飛ばないか心配になったが、もうどうすることもできない。一度悪い想像を始めると、思考は出口のない穴の中を陰気にぐるぐるするばかり。ひたすら心配とストレスをためこみながら、ベッドの中で眠れない時間をやり過ごした。

台風は朝方には東京を抜け、翌朝は見事な台風一過となった。やはりすごい風だったようで、網戸が全てビリビリに破れていた。

「昨日は本当に怖かったねえ」とイオ君とナナに声をかけると、きょとんとしている。

「え、来たんだ、台風」

「ナナねえ、なんにもきがつかなかった！」

それは、房総半島などに甚大な被害をもたらした台風一五号だった。山梨は直撃を免れ、小屋も木材も無事だった。

こうなると本気で時間との戦いである。次の週末は、今度こそ外壁を張るべく再び山梨へ向かった。この二日間でなんとか外壁を張り終えたい。

そこに、救世主が降臨した。

前年メキシコに去っていったタクちゃんである。なんと一年の留学期間を終えて日本に戻ってきていて「手伝いに行きますよ」と連絡をくれた。うわあ、あれから、もう一年が経ったの？

「タクちゃあああん、おかえりー」

大月駅にて、一年ぶりの再会を果たした。

「有緒さーーん、イオさーーん、帰ってきましたー」

手を振っている顔は前よりもさらに日焼けしていた。

「タクちゃん、それで例の彼女とどうなったの？」と二言目にわたしは聞いた。

「見事に婚約しました！」

「おおおおお！　ビッグニュースだね。おめでとう！」

さらにイタリアへの語学留学から戻ったばかりのスズキさん、そして屈強な肉体を持つ建築家・ソネッチも「こんにちはー」とのっそり登場した。前日に静岡に入り、閉山中の富士山に途中まで登ってから来たという。

「五合目まで行くバスがもうないから、一合目から登り始めてー、六合目まで行ってきましたー。でもそれから上に行くのはやめて下山してきましたー」と伸びたテープのような口調で言う。それは無事でよかったね……。

タクちゃんは、建前の前にメキシコに行ってしまったので小屋が建った状態を見るのはこれが初めて。彼はひとめ見るなり、持ち前のポジティブさを炸裂させた。

「すごいです！　はっきりいって、めちゃくちゃすごいです。やりましたね！　これはもう立派な小屋です！」

「ありがとー！」

それにしても天気は快晴で、日差しがグサグサ突き刺さって痛い。これは地獄の作業になるぞ……。

とりあえず、午前中は日陰になる西サイドから開始。

全てに対して全力投球モードのタクちゃんがすかさず「有緒さん、今回の目標はなんですか？」と聞いてくる。普段のわたしなら、目標とかゴールとかいう言葉が好きではないの、などとスカして答えるのかもしれないが、そんなカッコつけている場合ではない。

「目標は、ええと、全部の壁を張ることかな。でも、無理はしたくないので、小屋の両サイドだけでも終わらせられたらいいな」

「じゃあ、できる限りやりましょう！」

ナナともっちゃんは、ロフトがいたく気に入り、そこで遊びはじめた。

「ロフトは暑いからちゃんとお水を飲んでね」と二人に声をかける。

「大丈夫！　いますごくたのしいよ」（ナナ）

「たんていごっこしてるのー！」（もっちゃん）

二人は泥棒と探偵とお姫様が出てくるドラマチックな空想世界に没入している。

「そっちにいくとドロボウがいるわよ」

「気をつけないと」

「あっちをみはるわ」

「わかった！」

芝居がかった口調で会話を続けている。どんなお話なんだろう。彼女たちには確かに見えているその景色を、大人は見ることができない。

わたしは、作業の準備を進めながらぼやっとしていた。なかなか気持ちのスイッチが入らない。タクちゃんは、即座に「そうだった、有緒さんはあてにならない、今日の現場監督は自分だ」と意思を固めたように見えた。

「それでは、有緒さんはカット係になってください」「ソネオカ君、君は木材を全部ここに持ってきて」とテキパキと作業を仕切り始めた。そしてイオ君を材料やお弁当を調達する係に任命。「雑用に見えますが、とても大事な仕事です！」

確かに、たった一つの材料や道具がないだけでも、全体の作業が滞ってしまうし、おいしいご飯があると士気があがるので、本当に大事だ。というわけで、全員が配置に就いた。よーい、どん！

作業自体は、長い木の板を壁の幅に合わせてカットし、下から順番にビスで留めていくという単純なものだ。わたしは広い作業台を準備してその上に板を乗せ、指示通りにひとつずつカットしていった。薄い杉板なので比較的軽く、持ち運びは難しくない。カットされた板をタクちゃんとソネッチのふたりひと組で張っていく。木材同士がぴったり結合されるように加工がなされているので、ズレる心配もない。気楽な作業で、難度的には「中」程度だろう。

タクちゃんとソネッチは、長年同じ建築事務所で働いてきただけあり息がぴったりだ。しかし、張る場所が上の方へと進むにつれ、脚立と足場板を駆使した高所作業になっていき、難度は「中の上」、「上の下」というように増していった。

今回、実は一番悩んだのが、この高所作業をどう進めるかだった。通常の現場では、建物のまわりにがっちりと足場を組む。しかし、小さな小屋のために足場というのも大袈裟だし、コストもかかりすぎる。とはいえ、脚立に乗って長い板を持ち上げると、転倒などの危険が大きい。そもそもこの現場はゆるやかな傾斜があり、普通に脚立を立てただけだと傾いて実に危険だった。

そこで、アドバイスをくれたのは丹羽さん。脚立の四本の足の長さをアジャスターで調整できる特殊な脚立をふたつ購入し、それらの脚立の間に板をわたして足場の代わりにするという作戦である。脚立はふたつで四万円近かったが足場を組むよりは現実的だった。アクロバティックな奇策だが、タクちゃんとソネッチの工事現場で鍛えたバランス感覚でなんとかなりそうだ。ただし、足場板が常に水平になるように細かく調整し続けなければいけないので、時間はかかる。

「有緒さんも、やりますか」と言われ、わたしも足場板に乗り、張ってみる。板に乗りながら長い板を打ちつける作業はけっこう怖い。作業が進むと板の高さも張る位置も高くなり、目一杯手を伸ばしてやっと届くという感じだ。なんとか三枚ほど張っただけで、「いや、怖い、もう任せる!」とリタイアし、いつも通りピラミッドの底辺の「助手」に成り下がった。

さすがに高さ三メートル以上もある場所に板を張るときには、難度、危険度ともに最大になる。「ね、みんな、慎重にすすめよう!」と声をかけた。もちろんふたりとも集中しているし、脚立から落ちる怖さはよく知っているので、言われなくても慎重である。

その後もタクちゃんの的確な指揮と役割分担により、全員がしっかりと動き続けた結果、小屋の片側を全て張り終えることができた。夜は、タクちゃんの婚約を祝って、みんなでスパークリングワインで乾杯した。

迎えた二日目。昨日よりさらに天気がよく、ギラギラと太陽が照りつけている。

ソネッチとタクちゃんは元気いっぱいである。わたしは前夜のスパークリングワインが体に残っていて、スイッチが入らない。しかも気温もぐんぐん上がる。そろそろやろうか……というわたしの声には、明らかに張りがなかった。昨日と同じ作業で、要領がわかっているのだけが救いである。そんな三人で二面目の外壁に着手した。

お昼には、民ちゃんがカレーを作ってくれる。しさである。沁みる……！　おいしい、最高、生きててよかった、と全員が惜しみない賛辞を送りながら、大量のカレーを平らげた。

お腹がいっぱいになり、一度涼しい家の中で休んでしまうと、もうどう絞っても一滴のやる気も湧いてこない。

「外に出たくないよお」

グズグズしていると、「有緒さん、一度シャワーを浴びたらどう？」と民ちゃんがアドバイスしてくれる。ナイス・アイディア。素直に従い、わたしは小倉家で冷水シャワーを浴び、体をギンギンに冷やしていざ出陣。

しかし、午後の作業は、情け容赦ない直射日光を浴びる南側の壁である。タクちゃんとソネッチは「どうする？　こっちを先にやっちゃおう！」などとポジティブに作業を続けている。この人たち、信じられない。身体の作りとか基礎体力とかが根本的に異なるに違いない。

だめだ、暑い、暑すぎる……。

なんかまた頭の左裏側がズキズキと脈打ち始めた。頭痛のときの定番の痛みスポットである。

五月の作業で熱中症になりかけて、東京に帰れなくなったことを思い出した。あのリピート再生はもういやだ。そうだ、度を超えてまで頑張ることはいいことではない。休みたい人は休めるゆとりのある社会がいい！

「ごめん、無理しないでおく！」と宣言し、その後も脚立を押さえたり、材料を手渡したりなどの助手業務に回った。

その日、タクちゃんとソネッチの頑張りにより、なんと四面の壁のほとんどを外壁で覆うことができた。あと残っているのは、屋根の庇周辺などの加工が難しい箇所だけである。ここまでくれば下着一枚の状態から防水加工のジャケットを着たくらいの違いがある。

わたしにとっては非常に過酷な現場だったのだが、ひとり涼しい顔をしているのは、ソネッチだった。

「ソネッチにとって今回の作業はどうだった？」

「そうですねえー。なんでしょうねえー。木材とたわむれていた感じですかねー、楽しかったですねー」

「すごいなあ。じゃあいまから高尾山に登れる？」

「登れますよー。あと三時間早かったら行ってたかも」

一ヶ月後、再び台風がやってきた。

日本列島の半分をすっぽりと包むような巨大な雨雲を保持しながら日本を縦断、各地に大きな被害をもたらした台風一九号（ハギビス）である。すっかり恐ろしくなったわたしは、ナナを連れて母と妹が住む恵比寿のマンションに避難することにした。そっちの方が安全かはわからないが、とにかくみんなで一緒にいる方が安心だ。楽観主義者のイオ君は特に台風を気にしている様子もなく、「俺は一人で大丈夫」とマイペースな口調で送り出してくれた。

実家に着くと、妹のサチコが、自分の部屋の壁紙を剝がしたいと妙なことを言い出した。外出できないという非日常のなかでさらに非日常なことをしたくなったのだろうか。よくわからないが、妹とふたりでメリメリと壁紙を剝がしまくった。話を聞いてみると、友人の家でみた黄色いペンキが美しかったので、同じ色にしたくなったとのこと。こっちはこっちで、D.I.Y.によるリフォームが続いているのである。古い壁紙は壁と見事に一体化しており、なかなか剝がれない。途中からナナも参加して、三人で地味に壁紙を剝がし続けた。

そうするうちに、テレビからは「命を守る行動を取ってください」という前代未聞の呼びかけが流れ始めた。わたしたちは壁紙を剝がすのをやめ、東京の多摩川が氾濫、長野県の千曲川、福島県の夏井川が決壊していく様子を呆然と見ていた。あの人は大丈夫だろうか、と色々な人の顔が脳裏に浮かぶ。各地でこれだけの被害が出ているのならば、山梨も相当な影響を受けていることだろう。

ああ、今回こそは小屋が吹っ飛ばされたかもしれない。未曾有の被害状況を前に、そうなったらそうなったでしかたがない、と諦めがついた。わたしたちはいま、人類が行ってきた数々の愚行の代償を払うように、すさまじい気候変動を体験している。人類は、原因と結果を同時に生きている。

――ヒラク君たち一家は無事だろうかと思い、メッセージを送った。

返事があったのは二日後のことだ。小倉家は避難所に向かったものの、そこも増水した川が近く危険だったので、母屋の二階の部屋にこもってなんとかやり過ごしたそうだ。塩山は大変な雨量だったわりに風は弱かったので、小屋は無事だった。

それにしても、この台風が全国にもたらした被害の大きさは予想をはるかに超えていた。中央自動車道は通行止めになり、特急あずさも運休。奥多摩を通る一般道も寸断。突如として東京から山梨に入る交通手段はひとつもなくなった。次にわたしたちが小屋に行けたのは、二ヶ月も後のことだった。

第16章

快適なトイレへの道

　さて、この小屋作業中断の時間を使って振り返っておきたいことがある。

　小屋作りをする上で絶対的に必要不可欠なものが、トイレである。どんな建設現場でも最初に搬入されるのは簡易トイレだ。

　わたしたちの場合は、小倉家や近隣の農家さんのトイレを借りていた。もちろん、はなからよそ様のトイレをあてにしていたわけではない。小屋作りの初期段階にトイレを作る計画は存在しており、実は着手していた。ヒラク君とふたりで草刈りや盛り土などの土木工事をしていた頃である。

　いったん時計を二年ほど巻き戻そう。あの頃、わたしたちは単純作業や肉体労働にうんざりしていて、ヒラク君が「土木ばっかりじゃなくて何か作りたいよね」と言い出した。

「わかる！　クリエイティブなことがしたい」

「でもさ、最初だから、ラクして達成感が得られるものがいいよ」

「ラクして達成感ね。いいねえ、なんか作ろう」

そこで持ち上がったのが、トイレ建設計画だった。作るのは排泄物を微生物の力で分解するコンポスト・トイレ。この土地には水道も下水道もないので、そもそもコンポスト一択だった。ヒラク君と共同で使うことを考えると、トイレだけで独立した建物がいい。そこで、まずはトイレ用の建物を完成させ、次に内部のコンポスト・システムを設置するという二段階構想を打ち立てた。

「トイレ棟なんてきっとそんなに難しくないよ。しょせんは大きい箱だもん」とわたしが雑な発言をすると、「いいね、やろう。せっかくなら見た目もかわいくしたいな。建物はシンプルでも扉くらい凝りたい」とヒラク君がデザイナーらしくビジュアル重視で言った。

「オッケー、任せて。今度こっちに来るときに、ドアを調達してくるよ」

あのころのわたしは巨大な勘違いをしていた。ラクして達成感？　その手段がトイレ？お前はアホか、と当時の自分を全力で罵りたい。インドを見よ。いまだ五億人がトイレを使わず、川や野で排泄しているではないか。それは、トイレがないという単純な問題ではない。トイレが快適ではないが故に、蛇に噛まれたり性暴力被害に遭うリスクを冒してでも野外での排泄を選ぶ人が絶えないという事実である。そう、快適ではないトイレほど醜悪でおぞましいものはこの世になかなかない。だから本来ならば、しっかりと考え抜いた上で、どこまでも繊細に丁寧にやるべき仕事が、トイレ作りなのだ。

何はともあれ、わたしたちはその場のノリだけで行動する人種であった。わたしはすぐに長野の上諏訪までクルマを飛ばし、古材や家具のリサイクルショップで中古のドアを八〇〇〇円で入手した。水色のかわいらしいドアを見たヒラク君は、「おお、いいね！」と喜んでくれた。まだ図面も何もない状態でドアを入手することに、疑問すら覚えていなかった。

しかし、ドアだけではどうにもならない。残りの材料を入手すべく、わたしとヒラク君は近所のホームセンターにクルマを走らせた。ようやくこのときになって、わたしたちはまだほとんど工具すら持っていないことに気がつき、インパクトドライバーやノコギリをカートに入れた。

「他の工具も色々必要だよね」

「それって例えばなに？」

「なんかハンマーとかそういうの」

薄ぼんやりした話をしていると、いくつもの工具がセットになったツールボックスが目の前で売られていた。

「これ、いいんじゃない。この際、色々入っている方が賢いだろうね」

「少ないより多い方がいいよね」

次に材木コーナーに足を踏み入れ、驚愕の事実に気がついた。

そういえば、設計図がない。

図面がないと、必要な木材を選ぶことすらできない。ここにきてようやくＤＩＹがっこうでミナトさんが言った言葉を思い出した。

――この段階で正確な設計図を描いておくことが大事なんですよ。

そうでした。

わたしたちは駅前のカフェに入り、必死に図面を描きはじめた。シンプルな巨大な箱とはいえ、ひとつの建物である。強度を考慮したうえで、三次元で考える必要があった。

設計図を描きながら、頭の中には疑問が飛び交った。

ドアはどんな風にとりつけるんだろう？　太い角材で枠を作る？　床板はどれくらいの厚さが必要？　屋根の勾配は何度くらい？　その材料は？

脳内がパンクしそうだが、頑張りどきである。家具作りのときのことを思い出せ！

一時間ほどで、広さは九〇センチ×九〇センチ、高さが二メートルほどの小屋の設計図ができあがった。市販のベニヤ板をなるべく切らずに利用した形である。再びホームセンターに戻り、図面を見ながら木材カットを依頼した。大きな材料ばかりなので、「いったい何を作るんですか？」とレジ係のお姉さんは目を丸くした。

「自作のトイレです！」

まだ何ひとつ作業をしていないにもかかわらず、ね、すごいでしょう、という気持ちが湧き上がった。

いざ作り始めてみると、すぐに設計ミスが発覚した。思わぬところに隙間ができてしまい、おおいに驚いた。へ？　へ？　なにこれ？　うう、単純な計算ミスだわ。

いいよ、じゃあ、サイズ変更するから！

わたしは設計図に新たな数字を書き足した。

一ヶ所の変更は壁や床のサイズにも影響を及ぼし、ドミノ倒しのごとく他の箇所も修正を余儀なくされ、再び設計図に新たな数字を書き込んでいる最中に、今度は他の計算ミスも見つかった。わたしはまたあわてて数字を消し、新しい数字を書き込んだ。それを繰り返すうちに図面はぐちゃぐちゃになり、解読不可能なものが出来上がった。

「収拾がつかない！」

無計画さと実力不足を痛感し、ぽっきりと心が折れたわたしは、全てを解体した。そして中途半端に加工された木材やドアを全てブルーシートに包み、敷地の隅に置いた。

この後、本体の小屋作りが始まると、わたしは「トイレなんか計画したことありませんよ」という風情でガン無視を決め込み、一年以上もブルーシートを開くことはなかった。

しかし、小屋作りを始めて一年も経つと、いつまでも人様のトイレを借りていることに疑問を覚えた。あまり頻繁に借りるのも気が引けるので、ついつい我慢してしまうのも体に悪い。ナナに至っては毎回「トイレ行きたい、もう漏れそう！」と緊急事態的に叫ぶので、あわてて庭の隅に掘った穴をトイレがわりにしていた。もちろん衛生上、問題ありである。

「いつトイレを作るんですか」と小屋仲間にもたびたび聞かれた。

だよねえ、わかってる、一刻も早く作らなくては――。

わたしは、敷地の隅のブルーシートにチラッと目を向けた。しかし、設計図はとっくに破り捨てたし、もはやあの状態からどうやって立て直したらいいのかわからない。ズタズタになった計画を立て直すのは、新しく始める以上の根気が必要だった。

問題は設計だ――。

そこで一躍脚光を浴びたのが、ソネッチである。あのさ……実はね……。

「話はわかりました、便所、作りましょう」と話を聞いた彼は静かに微笑んだ。

そう、彼はただ怪力なだけではない。建築家なのである。

二〇一九年の四月、二年越しのトイレへのリベンジが始まった。


「設計図を作りました」

朝一番で会ったソネッチは一枚の紙を手にしていた。見せてもらうと、ありがたいことに、ブルーシートで包まれた材料を全方位的に活用する方針を立ててくれている。

こうして迎えたトイレ製作、一日目。イオ君、ナナの二人はセメントや砂利を買い出しに行き、わたしとオッキーは穴を掘り、セメント用の型枠を作った。前に経験した作業なので、余裕である。

深さ二〇センチほどの穴を掘っていると、買い出し班が戻ってきた。

穴に砂利を流し込み、水平をとる作業に移る。

「うーん、どうやって水平をとったらいいんでしょうか」

普段は由緒正しい建設現場で働くソネッチは、困惑した表情を浮かべた。普通ならばレーザー機器を使うが、ここにあるのはアナログな気泡管水平器だけ。トイレ棟を建てる場所には傾斜があり、土も柔らかいので、水平がきちんととれないと後に棟が倒れる可能性もあった。なんとしても水平だけは死守しなければならない。

現実逃避を得意技とするわたしは、コンクリートを流し込む用の型枠作りに集中し、ソネッチの言葉は聞こえないふりをした。すると、オッキーが「型枠と型枠の間に長い板を渡してそこで水平を測ったらどうだろう」という現実的な案を出した。「なるほど、それで行こうよ！」とわたしはそれまでも会話に参加していたかのように割り込んだ。

すぐにオッキーは砂利を手に取り、目視だけでふたつの型枠の高さの微調整を始めた。砂利を減らしたり、盛ったりを繰り返しそこに水平器を載せた。すると、本当に水平がとれているように見える。

「え、どういうこと⁉　オッキー！　もしかして人間水平器なの」とわたしは叫んだ。

「うん、まあ、普段の仕事でやってることに近いから」

オッキーは普段、鋳造家として銅像の制作や設営をし、自分の感覚を頼りに水平をとることに慣れているというのだ。

「すごい……。生身の人間がこんなことできるなんて想像してませんでした」とソネッチは惜しみない賛辞のシャワーを浴びせかけた。「いや、それほどでも」とオッキーは照れるが、本当に彼の身体的感覚は秀でていた。

水平がとれたので、練ったコンクリートをいざ穴に流し込むぞ！　という段階になって、今度は「あれ、まずい」とソネッチがつぶやいた。さっき買ってきたばかりのセメントでは全く足りない。

「スミマセン。どうしよう、僕の計算ミスです」

切迫した顔で謝るが、別にここはゼネコンの現場ではないので、「じゃあ、もう一回買いに行こうよ」と、今度は全員揃ってぞろぞろとホームセンターに行った。

その後、バケツでコンクリートを練り四つの型枠に流し込んだ。ここで改めて水平かどうか確認する。緊張の瞬間だ。うおっ、見事に水平である。「勝った。僕たち、水平との戦いに勝ちました！」

ソネッチが感極まったように言う。

「やったね！　おめでとう」

「いや、全員の勝利です」

ただ基礎が打てただけなのに大袈裟にお互いを称え合った。

翌日は、トイレの壁や屋根を取り付ける作業に入った。

昔懐かしい材料を「お久しぶり！」とブルーシートから取り出し、新しい設計図に合わせて加工していく。土台、壁、ドア、柱用の角材など必要なものは全てそこにあった。しかし、いざ組み合わせようという段階に入ると、再び混乱が始まった。

「あれ……どうしてだろう、寸法が合わない。こうじゃない方がいいのかな……」

ソネッチは独り言が増え、考えこむ時間が長くなった。

「ごめんなさい、計算し直してもいいですか。なんだろう、おかしいなあ。現実に出来上がっているものと設計図の違いが大きくなっています」

見るからに苦悩している。ごめんね……。

もとを正せば、わたしの適当すぎる設計、そして中途半端に加工された材料が問題を引き起こしているに違いなかった。

そこから、オッキーと三人であれやこれやと苦闘すること三時間。試行錯誤の末にようやく壁が立ち上がった。そして無事に枠の中にドアが収まると、屋根をかけるパートに入った。

屋根は、小屋と同じく片流れである。ここにいたって迷走感は加速し、何度もその場、その場で設計変更が行われ、即興で材料を加工し直したり継ぎ足したりが行われた。

「設計図と全く違うものができあがってきています……」

通常の工事現場ではありえない状況に、彼は高い空を仰ぎ見た。

「きっと大丈夫！　こういう臨機応変さがD.I.Y.の醍醐味だよ」

本来の自分の責任も忘れてわたしが身勝手に励ますと、ソネッチは何かふっきれたような表情で「はい！」と答え、ニコッとした。

そして、夕日もとっぷりと沈んだ六時半。半透明の波板を屋根に取り付け、トイレ棟は完成した。

わあ、なかなかいいじゃない。

わたしは痺れるような感動を覚えていた。ノブを回して中に入ると、開け閉めもスムーズで、ドアはピタリとあるべき場所に収まった。ちゃんとできた証拠である。

小さな窓からは山々が見え、空気の流れもよかった。屋根が半透明なので、昼間は明るいし、夜も近くの街灯のあかりが天井から入ってくるので電気もいらない。なかなか快適なトイレだ。

いつもはおっとりしているソネッチだが、このときばかりは「建築家として役目を果たせてよかったです。もうここに来てから二日も経ったなんて信じられない。五分しか経ってない気がします」と感慨深く言った。

どれだけのプレッシャーを感じていたのだろう。理不尽な責任を押し付けて申し訳なかったなあと二秒ほど反省した。

道具やゴミを片付け、さあ東京に帰ろうという段階で、ソネッチが名残り惜しそうにトイレの方を振り向いた。

「あの屋根、本当に雨漏りしないかちょっと心配です」

さすが現場監督、最後まで責任を全うしようとしている。

「じゃあ、実験してみようか」

わたしはバケツに水を汲み、塀の上からトイレの屋根に向かって勢いよくぶっかけた。

「もっともっと、かけてください」

ソネッチがそう言うので、遠慮なくバケツに水を汲み、ドバドバと水をぶっかけた。おかげで、トイレの横に立っていたソネッチまでずぶ濡れだった。

「ああ、ごめん、ごめん！　大丈夫？」

彼は気にした様子もなく、ただ静かにトイレの扉を開け、覗き込むと振り向いた。

「僕はびしょびしょですが、トイレは無事です！」

ソネッチは、その日一番の笑みを浮かべた。

第17章 トイレなんか、青いバケツで十分だ

トイレ作りは続いた。なにしろ建物ができただけで、肝心のコンポスト・トイレそのものはできていないのだった。

改めてコンポスト・トイレとは、微生物の力で排泄物を分解する仕組みである。水がなくても利用できるので、キャンプ場や人里離れた山小屋などでも使われる。

わたしも何回か使ったことがあるのだが、これが奇妙な使い心地なのである。都市部に住む人間たちの日常生活では、排泄物は大量の水とともにゴーッと見えないところへ消え失せるが、コンポスト・トイレでは排泄物はその場にじっととどまっている。トイレで水を流さない、ということに違和感を持ってしまうのは、現代人特有の病だろう。

水の代わりに便器の中でスタンバイしているのはおが屑で、排泄物が投入されると、そこ

に棲みつく微生物たちが、いそいそと分解や発酵を始める。そうして、時間が経つと排泄物は堆肥に変身するわけだ。微生物さん、ありがとう、万歳！

しかし、いざ導入となると、「どこまでお金をかけるのか」というお馴染みの悩みが発生した。世の中の大方の品物と同じく、コンポスト・トイレの世界にもファーストクラスからエコノミークラスまで存在する。

最高クラスのものはヨーロッパからの輸入品。便器から堆肥化のシステムまでエレガントに一体化しており、ぽいと設置するだけでほら、もう完成です、あとは自動でなんでもやりますよ、ご心配なく、というロボット掃除機並みのやさしさを振りまく。しかし、そういう製品に限って値段のほうはやさしさのかけらもなく、軒並み二五万円以上ときている。却下！

次のクラスは、国内生産品である。輸入品よりは安いが、これまた一〇万円以上。あー、これも無理だなあ。繰り返すが、小屋の全予算は一〇〇万円だ。現実的にトイレにかけられる予算は、どんなに頑張ったところで五万円が上限だった。

そんなわけで残された道は、エコノミークラス。要するに全て自作である。幸いにしてネット界ではコンポスト・トイレを自作した猛者たちがうようよしていて、経験を惜しみなく披露していた。わたしはYouTubeをクリックして自学自習を始めた。

そこから学んだ結果、以下の二点が快適な自作トイレのポイントのようだ。

①「大」と「小」を分離する（し尿分離）。水分が少ない方が「大」の分解も速く進み、悪臭も発しなくなる。

②微生物を活性化するため、定期的に中身をぐるぐると攪拌し、新鮮な空気を入れる。

なるほど。

排泄物入りのおが屑の攪拌。

積極的にやりたい！　楽しみ！　という気持ちにはならないものの、必要ならばやれないこともなさそうだ。しかし、①の「大」と「小」を速やかに分離させ、別々の容器に速やかに誘導するには、物理学か何かそういったものを応用したデザインが必要になるだろう。

わたしはずっと文系一本槍の人間である。物書きとしては、複雑に物事が入り組んだこの社会に惹かれ、人間の複雑さをそのまま受け止めたいと思い続けてきた。そんなわたしでも、「大」や「小」が自由自在に入り混じったあげく、生物分解が進まず、恐ろしい悪臭を近隣に振りまくことは避けたかった。

どうしようかなあ。本当に素人にも作れるかなあ。いっそのこと一〇万円払って解決した方がいいのかな。大工の丹羽さんや建築家のタクちゃんもコンポストの仕組みについては馴染みがないので、ただ孤独にうじうじと悩んでいた。

ちょうどそこに友人から耳寄り情報が入る。台所用の生ゴミ処理機をうまくつかえば、三万円くらいでコンポスト・トイレが自作できると教えてくれた。友人は地方に移住したばかりなのだが、借りた一軒家のトイレから発せられる強烈な悪臭に耐えられず、本来のトイレを封鎖し、部屋のひとつをコンポスト・トイレに改造するという大胆な決断をしたばかりだという。

三万円でできるのか、それはいいかも！　と、ググってみると、楽天にぴったりの商品が売っていた。よし、ポチろう。

と、そこに「コンポスト・トイレなんかほぼタダで作れる」と豪語する友人が現れた。わたしが小屋の設計時にインスピレーションを得たフランス人アーティスト、ブルーノである。ちょうどパートナーのエッツの展覧会があり、三ヶ月の予定で来日中だった。

「え、ほんとに？　タダで？　でも、実はいま、いい計画があるんだ」

わたしは、生ゴミ処理機を利用したトイレのことを話した。

「ふーん、その機械はいくらくらいするんだ？」

安いでしょ、というニュアンスで「それが三万円くらいなの」と答えると、「ノン、いらない、いらない」と繰り返した。

え、そう？　すごく便利そうだけど……。

「そもそもの前提が間違っている。君たちファミリーがその小屋に行くのはどれくらい？」

「うーん、一ヶ月に一回、一泊、二泊程度かな」

「だろう、その程度の頻度ならば、大と小を分けなくても問題ない。もっと簡単な仕組みで十分だよ。お金も全然かからない」

え、そうなの？

その瞬間のわたしは、喜びと疑いが入り混じった表情をしていたことだろう。

「僕が今までいくつの小屋を作ってきたと思うんだ」

彼は首を軽く振った。その傍らで、彼と一緒に小屋暮らしをしてきたエッツもニコニコとしている。

「きっと大丈夫だよ。わたしたちも何ヶ月もそういうトイレで暮らしてたけど、問題なかったよ。最後はサラサラの土みたいになるの」

ほほお！

ちょっと回り道になるが、二人との出会いについて改めて触れておきたい。

エッツは、わたしの最初の本、『パリでメシを食う。』に登場する人である。当時国連職員だったわたしは、彼女のユニークな生き方に心を打たれ、発表する場も何もないのに原稿を書き始めた。

わたしたちが出会った二〇〇四年頃、彼女は59Rivoliというパリの中心地にある共同アトリエで絵画制作をしていた。この場所は、元々はアーティストたちにより不法占拠（スクワット）された建物である（現在は共同アトリエとして合法化されている）。パリ市内には、こういったスクワットがあちこちにあり、中でも59Rivoliはパリ最大のアーティスト・スクワットだった。そして、それを作った（不法占拠した）三人組のひとりが、ブルーノだった。そしてエッツは、日本で何の美術教育も受けないままにパリにやってきて、スクワットと出会い、アーティストになってしまった。

わたしは、ブルーノやエッツが吹かせる自由な風、そして表現活動をしてシンプルに生きる姿に強く惹かれた。

先にも書いたとおり一時期ふたりは、ある一軒家の広い庭に小屋を建てて暮らしていた。四年前ナナのために小屋を作りたいと思いついたときにしきりに思い出していたのが、ふたりの生活である。そんなこともあり、パリの小屋の遺伝子を引き継いだうちの小屋を見てもらいたくなった。

「ねえねえ、パリに帰る前に、ちょっと山梨まで来ない？」

＊

一一月のその日は暖かな日差しで、シャツ一枚でも気持ち良いほどだった。目の前には紅葉が始まった山々が連なっている。今日も、まゆみさん、オッキー、スズキさんというものの小屋仲間が集まってくれた。

お昼頃、松本方面から来るブルーノとエッツを駅まで迎えにいくと、ブルーノは穿き古したコーデュロイのズボンにサンダルという軽やかな出で立ち。その傍らでリネンのコートを羽織ったエッツが「おはよー、来たよー！」と笑顔で手を振った。

ナナも、何度も会ったことがあり、「ふたりはフランスに住むアーティスト」と認識している。あるときナナは、「わたしもおカネをいっぱいためてエッツの絵をかうんだ！」と言い、本当にパンダ柄のお財布におカネを貯めはじめた。これには、仰天した。ナナは、エッツが絵を売って生活していて、自分もその絵を買うことができると理解していた。こうしてナナがいろんな暮らし方をしている大人に出会うことは、とてもいいことだ。

ブルーノは、わたしたちがトイレ棟として作った小屋をざっと検分し、「セ・プチ！（小さいね！）」と言った。

「え、小さ過ぎた？」

「本当はもっと大きい方がよかったけど、これで問題ないよ。このまま作ろう」

ブルーノは、体が先に動くタイプで、すぐに「ノコギリをくれ」といって角材をギコギコとカットし始めた。

「電動の丸ノコもあるよ、わたしが切ろうか？」と声をかけるが、「（電動は）スキジャナイ」と日本語で答え、ノコギリを軽やかに動かした。そして、カットした角材をトイレ棟の内側の壁に取り付けた。何がどうなるのかは分からなかったが、口を挟まずに見守った。

「よし、だいたい分かった。ちょっとだけ足りない材料があるから、買い物に行こう！」ということで、ホームセンターへ。

もしかしたら、便座くらいは市販のものを買うのかも。

「ブルーノ、何が必要なの？」

「えーと、チョットマッテ」

ブルーノはホームセンターを素早く歩き回った。そして、長辺が六〇センチほどの長方形の大きなバケツを指差すと、「セ・サ！（これだ！）、インペカーブル（完璧だ）」と目を輝かせた。バケツはなんの変哲もない青のものだ。

え、これ？

最終的に買ったものは、大きな蝶番が三個と青いバケツ（九〇〇〇円）だけ。

「本当にこれだけでいいの？」

「ウィ」


現場に帰ると、さっそくトイレ製作に着手した。

ブルーノの説明を聞くと、なるほど、そういうことか！　と目からウロコが落ちた。わたしはそのときまで、「便座と便器」なるものはあの丸っこい形で、建物から独立したものだと思い込んでいた。しかし、ブルーノは、一枚の厚いベニヤ板をジグソーで四角くくり抜き、それを壁に打ち付けた角材の上に棚板のように載せて、固定。さらに、もう一枚の板を細長いドーナツ型にくり抜いて、その上に載せる便座を作る。便座には蝶番をとりつけて開閉できる仕様にする。最後にその便座の下にぴったりとバケツをはめ込んだ。便器の完成である。確かに、これでなんの問題もないのかも。

今日の作業はここまで。夕方には、常宿の民宿に向かった。ここは、畳も襖も全てにガッツリと年季が入っていて、隙間風も吹き荒れるが、宿主のおじさんが親切なのと、温泉があること、そしてこたつを囲んで宴会ができるという三点において最高だった。ブルーノとエツツは「こういうところ、いいねえ！　日本って感じ」と喜んでいる。

ナナは、「ここに来ると宴会が始まる」ということを理解していて、慣れた口調で「ちょっと、えんかいにいってきまーす！」と言い残し、ブルーノの部屋に行ってしまった。

温泉に浸かったあとは、こたつを囲んでワインをあけた。ナナとブルーノは言葉が通じないのだが、二人にしか理解できないトランプ遊びをしている。謎のルールでブルーノに勝ち続け、すっかり気分をよくしたナナは、「神経衰弱をやろう！」とまゆみさんに挑んだ。ナナは神経衰弱が得意で、わたしのような記憶力が弱い人間は本気でやっても勝てない。まゆみさんもずいぶん酔っ払っていたので、たぶんナナが勝つだろう、という大方の予想を裏切り、ナナは二連敗してしまった。子ども相手に全く手加減しないのが素晴らしい。幼い頃から負けず嫌いのナナは、激しい悔し泣きを始めた。

「勝てると思ってたのにーーーー！！！　うわああああん！」

「ナナ、泣いてもしょうがないよ。勝てると思って、集中してなかったんじゃない？」

わたしが追い討ちをかけるような非情な言葉を浴びせかけると、「そんなんじゃないもん！　うわあああん！」と泣き叫びながら、ひきつけを起こした芋虫のようにのたうち回った。

部屋に轟く悔し泣きに、みんなは「こんなに泣けるなんていいよねー」「若いよなあー」「うははは」と大笑いした。特に誰にも慰めてもらえないことを悟ると、ナナはすっかりいじけて、「パパと一緒に寝る……」とイオ君にしがみついて別室にひきあげていった。

それでもまだ悔しかったようで、一分後に部屋に駆け込んできて「ベロベロバー!!」と叫び、素早く立ち去った。それを見たブルーノは、「テアトロー！（劇場！）」と言って手をうって喜んだ。さらにその五分後、ナナは神妙な顔をしてそろそろと部屋に戻ってきて、わたしの膝の上に座った。そして、心から悲しそうな顔で「急に勝てる力がなくなっちゃったみたい……」とオリンピックで負けた選手のように言い、今度は本当に去っていった。

夜が更けてくると、オッキーが急に「思えば、昔から自分には夢がなかったんだよね。気がつけば父の（鋳造の）製作所を継いで鋳造職人になっていたんだ。毎日は楽しいんだけど、俺の夢って本当はなんだろうって思うんだ」と自分の人生を振り返った。「きっとそれでいいんだよー」とエッツは全ての人生を肯定するような口調で言った。とても小柄な彼女は大きな包容力を秘めていて、彼女がそう言うと本当にそういう気がしてくるから不思議だった。その後は、福島の第一原発の話や世間を揺るがしていた「桜を見る会」問題、政治家の無責任な発言など、話題はあちこちに飛んでいった。まゆみさんは、東日本大震災の少し後に夫をガンで失くしていて、放射能の問題や関連ニュースなどのあり方について日頃から考え続けている様子だった。それぞれの問題やイシューに対して、わたしたちの意見は、まるで同じなわけではない。だからこそ、ただ社会に対して感じる怒りややるせなさを共有するような時間だった。

そのときに共有していたのは、我々はとても不確実な時代を生きているという感覚だった。日本経済は停滞し、自然災害や不条理な出来事で溢れている。そして、わたしたち家族もオッキーもまゆみさんもみな自営業で、エッツやブルーノは明日をも知らぬスクワット暮らしだし、冷静に考えると、わたしたちどうやって生きてんだろ、という気がした。「自由」を旗印にしながら、わたしたちはただ寄る辺のない小舟を漕いでいるのかもしれない。ときにこうして集まり、少しの間だけ並走し、声を掛け合い、またそれぞれの場所に戻っていく。だからこそ、わたしたちは楽しむことに貪欲だった。好きな人たちと一緒にいて、笑っていたかった。

「ねえ、たくさんの思い出を作ろうよ」

そう誰かが言ったけれど、誰が言ったかはもう覚えていない。ただ、この言葉だけが妙にくっきりと頭に残っている。

翌朝も引き続きトイレ作りを続けた。便座の上に取り付けるトイレの蓋を作り、便座の木材に塗料を塗った。さらに、排泄物が投入された青いバケツがドアを開けてダイレクトに見えるのは「カッコワルイ」とブルーノが言い、バケツを隠す扉をつけた。最後にバケツに乾燥したおが屑やら乾燥した雑草やらを入れ、便座の下にセット。「セ・サンプル！（シンプルなものだよ！）」というブルーノの言葉は誇張ではなく、馬鹿馬鹿しいほどに簡素な作りだ。わたしの悩みは一体なんだったんだろうか。いつも思うことだが、経験に基づく知識はかくも偉大なのだ。

「よし、記念に誰かピピ（おしっこ）しろ！」

そうブルーノは言うが、みんなが注目している前ではなんとなくしづらい。

「じゃあ、僕がするよ」とブルーノは一番のりで中に入ってドアを閉め、一分後に出てくると、「あー、すっきりした！」と言って、ニヤッとした。

第18章

最初で最後の全員集合！
——いつかまた小屋で会おう

別に何かを信じているわけでもないのに、お正月は初詣にいく。形ばかり手を合わせてその年の健康や安全を祈る。ベストセラーもついでにお願いするが、現実になったことはない。おみくじをひくとたいてい末吉とかなので、待ち人は来ず、探し物も見つからない未来を速攻で消去するため、木に結びつける。その年がどんな年になるかなんて本当は誰にもわからないはずなのに、これで平穏な日々が続くだろうと思い込む。今年も生活できる程度には稼げるはずだし、小屋づくりは進むし、みんなも小屋にやって来るはず。たぶんわたしだけではない。だいたいの人は、今日という日常が明日も続くだろうという前提のもとに生きていた。

その大前提が崩れたのが二〇二〇年である。

一月三日、小屋仲間で新年会を催した。場所は、浅草橋にあるオッキーのマンション。建築家のタクちゃんとソネッチ、晴れ女でタコを捕まえたいまゆみさん、スズキさん、丹羽さんも相模原からやってきた。わたしは鴨肉を大量に仕入れ、京都出身の人に教えてもらったレシピで鴨鍋を準備した。ごぼうとネギ、キノコを大量のカツオ出汁で煮て薄く切った鴨を加えれば、具材の全てが出汁になって引き立て合う。みんなで、汁の最後の一滴まで美味しく食べきった。

テキーラや日本酒が入り、すっかり酔っ払ったオッキーは、「新年なんだからさあ、書き初めしましょうよ！　書き初め！」と大声で叫び、半紙と筆を出してきた。書き初めなんて中学校のとき以来だろうか。それにしても、酔っ払ってやりたいことが書き初めなんて可愛いなあ。

字には自信がない。本にサインを頼まれ、複雑な漢字の名前を入れてほしいと頼まれると、かなり緊張する。自分の名前すらうまく書けないことを自覚し、最近のサインはローマ字に変えたくらいだ。

仕方なく、酔っ払った勢いで「三月の夜、泊まろうよ」と書いた。

丹羽さんは「虫」、ソネッチは「山」、まゆみさんは「小屋で会いましょう」。

会がお開きになる直前、全方位的に全力投球モードのタクちゃんが「今年の小屋作業キックオフはいつにしますか？　日程を決めちゃいましょう！」と言いだした。

「そうね、二月はまだ寒いから、三月がいいよね。三月二〇日にしよう！」

わたしが言うと、それぞれがカレンダーに予定を書き込んだ。

「コロナ」という謎めいた言葉を耳にするようになったのは、二月の初めだった。ニュース番組は、三七一一人の乗員乗客と共に横浜に入港したダイヤモンド・プリンセス号の内部で未知のウイルスによる病が発生していると伝え、それから「コロナ」なるものは連日のようにニュースを騒がせ始めた。しかし、まだそこまでの脅威には感じられず、わたしはのんびりと構えていた。

ところが、三月の初めには事態が一変。地方取材や講演、イベントが次々とキャンセルになった。イオ君も大型の仕事が吹っ飛び、川内家が見込んでいた収入の大半が消えた。ようやく、これはただごとではないと理解した。

次々と予定が消えていくなか、カレンダーに残った予定は三月二〇日の小屋作業だけとなった。

小屋メンバーにはメッセージを送った。

「こういう状況なので、ためらうことなくキャンセルしてください」

すると全員から「行きます」「楽しみにしてます」との返信が戻ってきた。まゆみさんが書き初めで書いた通り「小屋で会いましょう」である。

＊

今回は、敷地の整備をする予定だった。ウッドデッキや木道を作り、物置を整備する。ヒラク君のコンテナはすでに外装・内装ともにコンプリートし、太陽光発電設備も整い、ラボとして立派に機能している。ここにきて、ようやく小屋の周囲のことまで気を配る余裕ができた。

「まずは、あれをどうにかしたい」

オレンジ色のツナギを着たヒラク君は、敷地の入り口付近に建つ納屋を指差した。彼がこの土地を買ったときからあり、内部には古い農機具や籠などが残されていた。足場などに使われる単管パイプにトタンを打ち付けただけの簡素なものだが、確かに邪魔な位置にあり

「この際だから解体したい」とヒラク君は続けた。

「うーん、確かに。でもさ、解体するくらいなら、移築して活用できないかな」とわたしは提案した。

「移築？　どうやって？」

「わかんないけど、せーの！　で持ち上げて移動するとか。今日なら男手がいっぱいあるから、試しにやってみない？」

「ああ、そういう原始的な手法か！　いいねえ、やってみよう」

納屋の構造を調べると、大黒柱ともいえる単管パイプは地中深く埋まっていて、掘り出すのは容易ではなさそうだ。じゃあ一度全てを解体して組み立て直そうか、いや、解体したら二度と組み立てられないなど、あれこれと議論している間に、ソネッチと丹羽さんがパイプの根元を切断してくれた。あとは力を合わせ、持ち上げるだけ。男六人（丹羽さん、タクちゃん、ソネッチ、オッキー、ヒラク君、イオ君）がそれぞれ位置につき、パイプをしっかりと握る。わたしは進行方向を確認し、誘導する係だ。よし、みんなお神輿を思い出そう！

せーの！！！

六人は口々にうめき声をあげた。

むり、むり、むり！
重すぎるー！
いったんストップ！

納屋は固い意思を持ったかのように、決して地面から離れようとしなかった。そう、圧倒的に重すぎたのである。

とはいえ、この中途半端な状態で諦めるわけにもいかない。ものは試しに、と屋根のトタンを外してみる。全員で再び持ち上げてみると、少しは軽くなったようで、納屋はついに長年固く結びついてきた大地に別れを告げ、二〇センチほど宙に浮いた。よし、進め！

しかし、たった五〇センチ前に進んだだけで「いったん、下ろそう！」ということになる。まだまだ重すぎるようだ。

その後は、休んでは持ち上げ、一メートル進んでは下ろし、また持ち上げ……ということを繰り返す。骨の折れる作業だが、みんなやたらと楽しそうだ。だんじり祭と同じノリかもしれない。

せーの！

最後はわたしも神輿に参加して、難所の曲がり角をクリア。古い納屋は小屋の裏側という新しいポジションで息を吹き返した。

さらに一大スペクタクルなお楽しみも用意されていた。

現場メシである。

「現場メシ」に明確な定義はないけれど、みんなで手作りのホカホカごはんを食べることだ。それまでわたしたちのランチといえば、民ちゃん特製カレー以外は、ほぼスーパーのお弁当一択だった。しかし、数日前に丹羽さんが「僕が全てアレンジするので『現場メシ』をやりましょう」と言いだした。そのために、わざわざ料理好きの友人を連れてきたいという。

えー！　マジですか？　素敵なアイディアですね、ただ、準備するのも大変だし、現場には、水道もガスもないし……どうやってやるんだろう、とためらうわたしに、丹羽さんは言った。

「日頃、お世話になっているみんなにご馳走したいんです。有緒さんは何もしなくていいんで！」

えっ？　お世話になっているのはこっちなんだけど？　そう思いながらも「じゃあ、お願いします！」と答えた。

大量の食材と共に山梨までやってきたのは、歯科クリニックで働く美穂子さん。丹羽さんの学生時代の同級生だそうだ。

「大人数のために料理をするのが好きで、たくさんの食材がなくなっていくのを見ると気持ちがいい」

丹羽さんは、すでに我々が常宿とする民宿のキッチンを借りる交渉を済ませており、美穂子さんは朝からそこで下準備を始めた。

お昼になると「現場メシができました！　小屋のなかに集合してくださーい！」と丹羽さんの大きな声が聞こえてきた。小屋に入ると、カセットコンロと巨大な鍋があり、美味しそうな肉うどんがグツグツと煮えていた。コールスローサラダやジャーマンポテトなどの副菜も充実。民ちゃんもウドの煮物を届けてくれ、空前絶後の豪華なランチタイムが始まった。

温かく出汁が利いたうどんのおいしいことといったら！　はふはふしながら、みんなで掻き込み、大量のうどんはあっという間に胃袋に消えていった。

「初めての場所でたくさん作るのは大変でしたよね」

美穂子さんを労うと「ううん、全然！　むしろ制約がある方が燃えます！」と頼もしい答えだ。またひとり、すごいスキルを持った人が小屋にやってきたものだ。

美穂子さんは、三時のおやつにお手製のバナナブレッドまで用意していた。ブラボー！


二日目は、集落の人からもらった大量の古材を使い、木道やウッドデッキ作りに精を出す。簡単な作業なので、ナナともっちゃんにも手伝ってもらう。インパクトドライバーの握り方やビスの打ち方をもっちゃんにも教えると、すぐに飲みこんだ。競い合うようにインパクトを取り合うので、「交代でやろうね」と声をかけた。

そこに再び現場メシが到来。今日のメインメニューは、なんとラクレット。スイスの郷土料理で、溶かしたチーズに野菜やパンをつけて食べる。わたしもフランスに住んでいた頃に時々食べた。この小屋のコンセプトが「ハイジ」だと知った美穂子さんは、わざわざ鉄のフライパンとスイス産のラクレット・チーズを準備してきてくれたのだ。そういえば、『アルプスの少女ハイジ』には、チーズを食べる場面が何度も出てくる。大きなチーズを直火でトロトロに溶かし、固そうなパンの上にのっけていた。そうだ、あの長く伸びるチーズは、子どもの頃から憧れだった。

ああああっ、もう想像しただけで最高！

「よくラクレット・チーズが手に入りましたねえ」
「うん、コストコで見つかりました」
そう軽やかに言いながら、美穂子さんは他の料理をテーブルに並べた。スパムおにぎり、白身魚とキノコの味噌焼き、ニラ玉と今日も充実したメニューだ。一番人気はダントツでラクレットである。
フライパンの中でジュウジュウと溶かされたチーズはとろけてなめらかになり、パンにつけて食べると口いっぱいに香ばしい風味が広がった。
おいしーい！
ヒラク君が冷えた白ワインを持ってくると、昼飲みが始まった。
「昼に飲むと、やる気なくなるよねー」（オッキー）
「もう随分頑張ったし、いいんじゃないかな」（イオ君）
「納屋も動かしたしねえ」（丹羽さん）
「ラクレットまだありますよ」（美穂子さん）
「わ、食べたい！」（ヒラク君）
考えてみると、今回はこの二年で小屋に関わってきたレギュラーメンバーが全員、ひとりとして欠けることなく勢揃いしていた。これは初めてのことで、ひとえにコロナでみんなの仕事や予定がキャンセルになったおかげだった。
夕方には、敷地の整備があらかた終了。木道が完成したおかげで、歩きにくかった敷地内の移動が快適になった。

ヒラク君も、「おお！　なんか小さな村みたいだ」と喜びの声をあげた。

最後は、恒例となった記念撮影をする。たくさんの小屋仲間がフレームに収まる。

パシャ！

シナリオに描いたように完璧な週末は終わりを告げ、「また来月には来よう」と約束して解散した。

コロナをめぐる事態が緊迫していったのは、その直後だった。小池都知事が「オーバーシュート」というフリップを持ってテレビに登場し、四月に入るといよいよ「東京がロックダウンされるかも」という根拠のない噂まで飛び交った。

ほんの一週間前までのほほんと現場メシを囲んでいたというのに、急速にそわそわが止まらなくなった。人と会うこと、電車に乗ること、スーパーで買い物すること、公衆トイレを使うこと。道で人とすれ違うことすらちょっと怖い。

一番の悩みは、ナナを保育園に通わせ続けていいのだろうか、ということだ。

保育園は働く親にとっては生活の生命線である。同時にそこは多数の人が集まる「密」な場だった。子どもたちはマスクをせずに、団子になって遊んでいた。その楽しそうな姿を見るとますます悩みは深まっていった。

もしも……と思うと気が気ではない。

ある日、保育園に行くと、掲示板に貼られた一枚のプリントが目に入った。それは、区内の保育園の保護者にも新型コロナの感染者が出たという報告だった。わたしはすっかりパニックに陥った。

ああ、どうしたらいいんだろう。

とにかく、なんとしてでもナナだけでも守らなければ——。

気がつくと、それればかりをぐるぐると考えるようになっていた。

その日、イオ君は地方出張で不在だった。わたしは連載の締め切りがあったが、原稿に集中できず、気がつくと手が止まってしまっていた。いつもの倍以上の時間をかけて書き終えると、決心した。

明日から自主的にロックダウンをしよう。

とにかく、ナナと一緒に家にこもるんだ。そうだ、それがいい。

急いで薬局とスーパーに行き、医療品や食料を買い揃えた。

「明日からしばらくお休みさせます」

保育園で園長先生にそう言うと、「わかりました、何か困ったことがあったらいつでも連絡くださいね」と優しく声をかけてくれた。

「明日からずっと家にいるんだよ」とナナに言うと「おやすみなの？　ママといっしょにいるの？　いつまでやすむの？」

「わかんない。たぶん、けっこう長い間」

「ずっと？　わあい！　たのしみ。ナナ、いえであそびたい」

ナナは保育園が大好きなので、意外な反応だった。

ああ、もう家にいさえすれば、きっとわたしたちは大丈夫だ。

そう思うと体から力が抜けた。

しかし、明日からどんな日々になるんだろう。幼児と一緒にずっと家にこもるなんて本当にできるのだろうか。仕事はあまりできないだろうから収入は激減するだろう。長期化したら、生活はしていけるんだろうか。

というか、こんな緊急事態に出張に行っているイオ君は何を考えてるんだ。急に腹が立ってきた。

わたしはイオ君に連絡をとり、出張先から直接家には帰ってこないで欲しいと頼んだ。一週間くらいどこかのホテルで自主隔離してから帰ってきて、お金は半分出すから。そう言うと驚いていたが、最後は受け入れてくれた。

色々なことを考え始めると、ひとかけらの安心と大きな不安が入り混じり、感情はぐちゃぐちゃに乱れた。その嵐のような感覚はすっぽりとわたしを飲み込んだまま、動こうとしない。

気がつくと、声をあげて泣いていた。激しく。涙が後から後から流れた。自分でもどうしてこんなに泣いているのかよく分からなかった。

ナナは笑いながら「ママ、どうしたの、そんなに泣かなくていいんだよ。だいじょうぶだよ」と声をかけてくれた。

「明日からずっと一緒にいられると思うと嬉しくて涙が出たよ」

ナナを抱きしめ、汗ばんだ背中の感触を確かめると、涙がひいた。

目覚ましをかけずに眠りにつき、翌朝は思いっきり朝寝坊をした。朝食をゆっくりと食べ、サッカーボールを持って近所の公園に遊びにいった。その午後には、保育園の先生から電話があった。ついに緊急事態宣言が出され、保育園はしばらくクローズすることになったという知らせだった。

第19章

さよならだけが人生なのか

「ねえシルバニアファミリーしよう。いや、おえかきしたい！　ママ、えのぐ出して。あ、やっぱりレゴがいい、ねえ、レゴでカフェを作るの。カフェで人形たちをあそばせるの。ママ、早くこっちきて」

ナナは、朝起きたとたんにクリクリした目でわたしを眺める。「ママ、なにしてるの。早くあそぼうよー」

幼児と家の中だけで過ごす「一日」は、とても長い。

特にイオ君が自主隔離でいない一週間は、ナナは狭い家の中でぴったりわたしにくっつき朝から晩まで離れなかった。ソファに座れば膝に乗ってくるし、抱きついてくるし、髪を結わこうとするし、トイレにも付いてくるし、しまいにはおっぱいに触ろうとしてくる。もう五歳なのに、なんだろう、この甘えん坊現象は？

そっか……たぶんナナも不安なんだ。これまでたっぷりと愛情を注いでくれた保育士の先生やお友だち、祖父母などと急に切り離され、いま目の前にいるのはわたしだけ。その生命線の少ない状態は、生まれたばかりの赤ちゃんの頃と似ているのかも。だから、本能的な記憶を拠り所にして、おっぱいに執着してしまうのかもしれない。

遊ぼう、遊ぼう、とナナは朝から晩まで繰り返した。あの日のイルカみたいに。

わたしもまた、友人にも家族にも会えない日々のなかで、ナナという生身の「体」がすぐそこにあることで大きな安心感を得ていた。ナナが抱きついてくると、わたしもハグを返した。ぎゅうぎゅう、ぎゅうぎゅう。お互いに安心すると、また遊びや家事に戻る。人間の体というのは、誰かに触れたいし、触れられたい。体に触れることで、心という根源にも触れることができる。心と体はかくも分かち難いものなのである。

隔離から戻ったイオ君の生活もまた激変を遂げた。これまで彼は、近隣のカフェを何軒も巡りながら原稿を書くというノマドスタイルを強固に貫いていた。しかし、それも感染リスクがあるので、突如として在宅ワーカーになったが、家にはデスクを置く場所もなく、苦肉の策でベッドの横にピクニック用のテーブルを広げ、ベッドに腰掛けて仕事をするという一人暮らしの学生だってやらないようなワーキングスタイルを強いられた。

わたしとイオ君は狭い家のなかで必死に仕事と家事、子育てという三つの車輪を回し始めた。とにかくお互いの仕事を破綻させないように、夫婦で一日おきに「仕事の日」と「ナナの日」を交代でこなす、という取り決めがなされた。夕飯は「仕事の日」の人が担当する。ぶっちゃけ「仕事の日」よりも家で幼児と遊び続ける「ナナの日」の方がよっぽど大変だ、ということをふたりとも実感していた。

イオ君はそれまでほとんど料理をしなかったが、自分が食べたいものを食べたい一心で、豪華な焼肉セットや手巻き寿司の材料を波状攻撃的に買ってきた。さらにはナナと一緒にケーキやドーナツまで自作した。

わたしはそれとは逆に料理を含めた家事全般に手を抜くことに躊躇(ためら)わなくなり、お惣菜やテイクアウトもフル活用した。ニューヨーク在住の友人の当時の日記などを読むと、コロナ禍で三食を自分で準備することにより生活の軸ができたと書いてあったが、わたしはまるで正反対で、食事作りを積極的にアウトソースすることで暮らしの軸が生まれた。わたしの目標は、ただ「暮らし」を続けていく、それだけだった。

さらに、川内家では様々な家事をなるべく交代でやろうという機運が高まり、朝食も交代で作るようになった。家事の分担がより公平になったのは、ステイホームが生んだポジティブな変化であった。

かような状況になってみると、自宅からすぐの林試の森公園の存在はますます大きかった。わたしとナナは、午後になると公園に向かった。

サッカーボールを蹴り、おやつを食べ、花を眺め、昼寝をした。ナナは読書が大好きで、何冊かの本を持っていけば一時間でも二時間でも過ごせた。

広い公園の芝生でピクニックシートを広げても、まわりには誰もいない。世界にはわたしたちしかいないみたいだ。

「ママ、みて、おもしろいかたちの石がおちてるよ、こっちにもある」

「どれどれ、ほんとだ。もっと石を集めようか！」

ナナは自然のなかにいることが好きだった。虫や石、木の実を集めていれば飽きることがない。よく虫や蛙を捕まえている小屋メンバーのまゆみさんの影響もあるのだろう。家族以外の様々な人の影響を受けながら、ナナは育ってきた。

こうして、孤独で静かな日々が続くと、いかに今まで人に助けられて生きてきたのかが身に染みた。わたしたちは、誰かに愚痴を聞いてもらい、駆けつけてもらい、一緒に笑い、料理して食べ、取るに足らない時間を過ごすことで、生きながらえてきた。

もともとフリーランスの夫婦で、大海を漂流する小舟のような家族だったが、いまや岸辺もなければ、他の舟の影すら見えない。社会の多くのものから切り離され、ただ海の上でゆらゆら揺れているだけだ。

小屋仲間とは一度だけオンライン飲み会を開催した。うちのWi-Fiがしょぼいせいか、みんなの声は途切れ途切れにしか聞こえず、余計にフラストレーションがたまった。食べて飲んで書き初めをした酒臭い夜が無性になつかしかった。

美術館も軒並みクローズしているので、白鳥さんとの美術鑑賞に関する本の執筆も暗礁に乗り上げていた。このままいけば、本が出版できるのかどうかも怪しい。しかし、この頃は何に関してもやる気を失ってしまい、本来、死活問題であるはずの本が出せるのかどうかすら、どうでも良かった。

代わりにわたしが熱心に書いていたのは、日記である。どんなに時間がない日でも、日記を書いてSNSにアップした。書くという行為は、自分で自分を労(いたわ)り、日々の苦痛を和らげるような効果があった。

夕方になるとナナと一緒にアニメを見た。わたしたちのお気に入りは、わたしが子どもの頃にテレビで放映していた『愛の若草物語』で、メグとジョオとベスとエイミーの話で盛り上がった。ナナは姉妹がいることが羨ましくなったようで、ますますイマジナリー・シスターズたちを増殖させ、頭のなかでは二〇人くらいの妹と一緒に食べたりお風呂に入ったりしていた。こうして、日々は繰り返された。

まだナナが赤ちゃんの頃、わたしはナナともっと長い時間を一緒に過ごしたいと切実に願っていた。いまさらながら、この強制的なステイホームのおかげで、あのときの願いが叶ったような感じがした。ステイホーム期間の終わりが見えた五月、わたしはパリの初夏のことを思い出しながら、日記にこんなことを書いた。

どうやら、三九県では「緊急事態宣言」が解除される見込みのようだ。東京はたぶんあと二週間といったところだろう。その時のことを思うとホッとしつつも、複雑な気持ちになる。この一ヶ月半、大変だ、大変だと言い続けながら、本当に楽しい時間を娘とイオ君と過ごしてきた。新しいレシピに挑戦し、トマトを植え、サッカーボールを蹴り、映画を見て、折り紙をたくさん折り、夕方の空を眺めた。だから、夏のヨーロッパが恋しいのと同じくらい、二〇二〇年の五月の日々を愛しく思うのではないだろうか。

＊

二〇二〇年、八月某日。

セミの鳴き声が響く中、また自宅の引っ越しを決意した。

ご存知の通り、三年前にも引っ越したばかりである。わたしたちは五〇平米、１ＬＤＫのコンパクトな暮らしが気に入っていたのだが、二ヶ月間も巣ごもりをしてみると、さすがに狭苦しい。イオ君がパソコンに向かい、ナナがおもちゃを広げると、生活空間と遊び場と仕事場がごちゃごちゃと混在し、誰も悪いことをしていないのにわたしはイライラで窒息しそうだった。ああ、自分だけの場所がほしい。たぶんイオ君も同じだっただろう。コロナ禍の長期化が予想される中、どちらからともなく、また引っ越そうという話になった。

イオ君が見つけてきたのは、東京二三区の端っこにある３ＬＤＫのマンションである。広さは一・五倍になるものの、駅からは徒歩二〇分以上。家賃はほぼ変わらない。

駅に降り立つと、活気のある書店があり、商店街には八百屋や喫茶店、雑貨屋が並んでいる。いい街だなと思った。内見した部屋はカラリとして明るく、大きな窓から公園の木々が見えた。静かな環境で、鳥のさえずりが聞こえる。東京とは思えない空気が流れていた。

ここがいい。ここなら、家族全員が自分のスペースを保つことができる。落ち着いてものが書けそうな環境も気に入った。

残る懸案事項は、ナナが保育園を転園することだけだ。わたしたちはナナが〇歳から通い続けてきた保育園には深い愛着があった。そしてナナには大親友のトモちゃんがいた。二人は本当に仲が良くて、わたしはよく「まるで（『赤毛のアン』の）アンとダイアナだね」と言ったものだ（そんなとき、娘は「アンとダイアナじゃないよ。ナナとトモちゃんだよ」と律儀に言い返した）。

ナナは、毎日一秒でも長くトモちゃんと一緒にいたいから、夜になると「はやくねてはやくほいくえんにいきたい」と言う。さらに帰りも一緒に帰りたがり、どちらかの親が先に迎えに来ると、一緒に片付けをしているふりをして、いつまでも帰り時間を引き延ばし、ようやくふたりの親が揃うと「いっしょにかえろう」と同じ道を歩いた。夏の間は駅前の花壇に咲いているひまわりの花を見つけて「ひまわりだよ！」「きれいだねえ」と言い合う。それが五歳の日課だった。トモちゃんのいないナナの日常は考えがたく、離れ離れになることはすごく嫌がるだろう。

しかし、引っ越しに関する家族会議が開かれると、ナナはあっさり言った。

「ほいくえん、かわってもいい」

え!?

ほんとに大丈夫?

トモちゃんと会えなくなるよ、寂しくないかな?

「うん、さみしい。けど、だいじょうぶ。ひっこしても、またあえるよね」

びっくりした。まだ五年しか生きていない小さな人。しかし、娘は娘なりに考えるところがあったのだろうか。もしかしたらわたしたちが引っ越ししたがっている空気を読んだのかもしれない。とにかく、これが「進め」の青信号だった。わたしはなかなか手放せずにいたベビーカーと三輪車をメルカリで売った。

保育園最後の朝、ナナを送りにいったイオ君が言った。

「園長先生もM先生も涙ぐんでたよ」

M先生は、娘が○歳のときの担任の先生だ。

「そっか、先生達が」とわたしは言葉に詰まった。

夕方、イオ君とふたり揃って娘を迎えにいった。先生達や他の保護者の方達に挨拶をする。

園長先生もわたしたちがくるのを待っていてくれて、目に涙を浮かべている。

「今日お別れ会をしたのですが、ナナちゃんはもちろん、他の子ども達もみんな泣いちゃったんですよ。男の子たちもみんな、みんな泣いていました」

しかし、実際にクラスの部屋にいくと、しんみりモードはすでに消えていて、子ども達は元気いっぱいで駆け回っている。みんなで仲良く遊び、そして最後は「また遊びにきてねー」「うん、くるねー」「バイバイ」「うん、バイバイ」と言って別れ、保育園を後にした。

ナナが比較的あっさりみんなとお別れできたのには、理由がある。この後、実はトモちゃん家族と一緒に夕飯を食べにいくことになっていたのだ。とても楽しみにしていたので、前向きな気持ちで保育園を後にすることができた。

向かったのは広い個室がある居酒屋で、店の中はガランとしていた。ナナとトモちゃんは思う存分に広い部屋で遊び続け、大人は何杯もお酒を飲みながらキムチチゲやピザ、サラダなどを次々と平らげた。いつもなら八時くらいにはバイバイするところだが、この先、ふたりはなかなか会えないんだ、と思うと心が痛んで、「そろそろ」が言い出せなかった。

しかし、時間は未来に向かって着実に流れる。夜九時になりさすがに「そろそろ」ということになった。

駅まで歩いて行く間、ナナとトモちゃんは手を握り合った。何年間も一緒に帰ってきた道をいくのもこれが最後だ。それも、ふたりはしっかりとわかっていた。

バイバイはすぐにやってきた。

ふたりはまだしっかりと手を握り合っていた。

「さあ、そろそろ自転車に乗ろうね」

わたしは声をかけたが、決して手を離そうとしない。

そして、いつまでもその場を動こうとしなかった。

「また会えるよ。今度はお泊りにきてもらおうか」と声をかけたけど、そんな漠然とした未来の話ではピクリとも動かない。ふたりはひとつの岩のように寄り添った。そして、手を握り合ったまま、見つめあった。

「ひまわりがさいてるよ」

「少しかれかけてるね」

「うん、かれちゃうのかなあ」

ふたりは手を握り合ったまま言いあった。そして無言になって固まった。わたしは声をかけることができなかった。

そうして、何分もの時間がすぎ、ようやく手を離した。

五歳児が初めて経験した別れ。

握り合って離さないその二つの小さな手を思うと、とても切ない。

わたしたちは、未来をより良きものにしようと思いながら、なんども別れを繰り返す。ときには恋人や親友と別れ、国境を越え、とても大切なものを手放しながら生きていく。切ない。生きていればもちろんまた会える可能性はあるけどよほど縁がない限りその後の人生は交わらない。

あのひまわりはこの夏も咲いているだろうか。

ナナは新しい保育園に通いはじめた。最初の一週間は緊張し、悲壮な決意を滲ませて入り口をくぐっていったが、徐々に笑顔で手を振ってなかに入っていくようになった。思えばナナの人見知りをしない性格には、いつも助けられていた。どんなにアウェィな仕事の場に連れていっても、ナナはそこにいる誰かと仲良くなった。「ボジョレー・ヌーヴォーの会」という大人のパーティに連れていったときは、全く知らないおばあさんに抱っこしてもらっていた。彼女にとってこの世界は、優しさと安心に満ちているのだろう。このまま少しでも長く、彼女を取り巻く世界が優しさに満ちていることを願う。

＊

イオ君は長年貫いたノマドスタイルの執筆をやめ、新しく作った書斎で書くようになった。わたしは相変わらずダイニングテーブルを仕事場にした。公園の木々がよく見えるその席はとても集中できる。執筆に行き詰まるとわたしは公園を散歩した。

思い返すと、二〇二〇年になってから小屋作業ができたのは三月の一度きり。現場メシのときである。あれから、感染拡大が落ち着いたら行こう……と話しているうちに秋になっていた。このままで二〇二〇年が終わってしまう。

——不要不急の外出は控えましょう。

小屋作りは不要不急に含まれるのかな？　まあ、世間的にはそうだろうが、さすがにこれ以上待つことはできない。せめてちらっと様子だけでも見にいきたい。

一一月、コロナ第三波が到来するなか、山梨行きを決意した。

ナナの六歳の誕生日の朝、山梨に向かって出発。小屋仲間にも「もしよければ」と声をかけると、ちらほらと行きたいという声も聞こえてきた。予定しているのは、壁に断熱材を入れる作業である。

出発する直前、ナナは飼っているカブトムシの「トム」に三日分の餌をあげた。トムとは、夏の始まりに千葉県の「道の駅」の駐車場で出会った。全ての虫を恐れるわたしの妹のサチコが「きゃあ、クワガタ、クワガタ、こんなところにクワガタがいる！」と駐車場で大騒ぎし、よく見るとそれはカブトムシだった。ナナは大喜びし、ケーキ屋の箱に入れて家まで連れて帰った。「トム」と名付けたそのカブトムシをナナは溺愛した。飼い方を調べ、時々手のひらに乗せ、話しかけた。もちろんトムは何も答えず、じっとしているだけだ。

「なんの交流もできないカブトムシをこんなに可愛がれるってすごい」とサチコは心から感心していた。トムは元気に夏を過ごした。そして驚いたことに一一月になってもまだ元気に餌を食べていた。

「トム君、元気でね」わたしたちは声をかけて、出発した。

小屋は、また背の高い草に埋もれている以外は、半年前となにひとつ変わりなかった。雨漏りもしておらず、屋根も外壁もしっかりしていた。目の前の山々では紅葉が始まり、冬晴れの空の下で集落はしんと静まりかえっていた。

トイレの扉をあけ、なかに張り巡らされた蜘蛛の巣を払い、便器の蓋をあけた。半年間で、おが屑は微生物の力で細かく砕かれていた。小屋の窓を開け、埃をはらい、箒とちりとりで床掃除をした。人の手と風が入った小屋は、すっきりとした顔を取り戻した。

世界が一変したというのに、ここは何も変わっていない。

急に、ここはわたしたちの小屋なんだと思った。

かっこいいわけでもおしゃれなわけでもない。むしろ大した個性もない地味な小屋である。インスタに載せてもハートは一〇個もつかないだろう。しかし、ここはわたしたちがゼロから作り上げた場所だった。不揃いな外壁、隙間があるドア、狭すぎる階段にムラのあるペンキ。そこかしこに、手を動かし、失敗して、やり直してきた痕跡があった。

こうして、わたしたちはいま生きている。

世界的パンデミックのど真ん中だからか、その感覚は激しくわたしを貫いた。

小さくて、吹けば飛ぶような小屋。でもここを作ってきた経験や思い出さえあれば、この先も生きていけるかもしれない。別に生活力やスキル、自信がついたわけでもなんでもない。むしろその逆だった。わたしは、この三年間で自分の苦手なことや弱い部分にいやというほど直面し、能力のなさをとことん認めざるをえなかった。そして行き詰まるたびに、誰かに助けを求めた。自分に良い部分があったとしたら、それができたことだ。そして、実際に多くの人が手をさしのべてくれた。気がつけば、わたしはいつも誰かに助けてもらっていた。

長い間、わたしは自分を基本的に自立心や向上心があり、たいていのことを自分でこなせる人間だと思いこんできた。たぶん、身ひとつでアメリカに行き、その後も外国で働いてきたからであろう。それらはある意味で事実だけど、自分のほんの一面に過ぎなかった。その他のわたしは、体力も持久力もなく、頼りがいもなく、決断力も弱く、方向音痴で、検索する能力もない人間だった。一生懸命やろうと決意したはいいが、暑いのも寒いのも嫌いだし、堪え性もないときている。良いママになろうと決意し、娘の寝顔をウザいほど愛する反面で、朝ごはんを作るのも億劫だし、一緒に遊んでいるとすぐ疲れちゃうし、ときに娘のことを忘れて自分の仕事に夢中になった。それが自分だった。それでもわたしは、一年前よりは今年、昨日よりは今日の自分をちょっとマシにしようともがいてきたのだと思う。

ここにあるのは、そんな自分と家族、友人たちとの時間の軌跡だった。

最初はナナのために小屋をプレゼントしたいと思っていたけれど、小屋はわたしの人生にとっても贈り物だった。

そう、やりたいことに理由なんかいらない。こうして不要不急なことに熱中しながら生きてもいい。

*

今日もわたしは見事なポンコツぶりを発揮していた。たとえば、うちの小屋には電気が通っていないので、毎回来る前に全ての工具のバッテリーを充電してから持ってくる必要があるのに、今回は、充電はおろかバッテリー自体を全て家に忘れてしまった。こんな基本的なことまで抜け落ちているなんてどうしちゃったんだろ、と自分でも呆れた。せめてバッテリーがあればどこかで充電できるのだけど、それもかなわない。

そんな致命的なミスをおかしたにもかかわらず、わたしは「だって来るだけで精一杯だったんだもん」と言い訳にもならない言い訳をしていた。オッキーは優しく「そうだよね、久しぶりだもんね」と頷いた。

そのとき、ひょっこりと丹羽さんがやってきた。近所に住んでいるわけでもないのに、なぜこうタイミングよく現れるのか、本当に不思議である。

「予備のインパクトを二台持ってきてますよー」と言うので、ありがたく借りた。

しかし、わたしのポンコツぶりはそこで終わらなかった。

本日の作業は、小屋の内壁の隙間にふわふわした断熱材を入れ、ベニヤ板で塞いでいくというもの。難しくない作業で、難度でいえば間違いなく「低」レベル。それなのに、ベニヤ板を持ち上げたり、切ったりする、と想像するだけで億劫で仕方がない。何一つしていないにもかかわらず、ああ、やりたくない、面倒臭い、疲れた、という負の気持ちが次々とわきあがり、椅子に座ったままぼやっと山を眺めた。はなからこんなネガティブになるなんて小屋作業が始まって以来初めてだ。自分自身がバッテリーの切れたインパクトみたい。

「なんだか無気力で」

正直に告げると、「そんなときもありますよ」と丹羽さんは言い、「僕がやりましょう」とカット作業を引き受けてくれ、わたしとオッキーはそれを張っていくという役割分担になった。ビス打ちだけの単純作業なので、無気力な人間にもやれる。

わたしに比べるとナナは、はるかにヤル気に満ちていた。二種類のビスの箱を並べ、「ビスのお店屋さんだよ。欲しいビスがあったら言ってね。いらっしゃい、いらっしゃい」とお店屋さんごっこをはじめた。

「じゃあ、五本ください」

「ながいの、みじかいの？」

「短いの」

「はい、どうぞ」

しばらくするとナナが「ドドドド！　ってやりたい」と言いだしたので、インパクトドライバーを持たせた。

「この線を目印にして打ってごらん」と言うと、ナナは両手でインパクトを支えながら、上手にビスを打ち込んだ。前に一緒に木道を作ったときにつかんだコツを覚えているようだ。

しばらくふたりで作業を続けた。不思議なもので、手を動かしているうちに気力が出てきて、小屋の内側はきれいなベニヤで覆われていった。小屋は急にそれまでの工事現場から「部屋」へと変化を遂げた。


翌日も晴天だった。のんびりと草を刈っていると、民ちゃんともっちゃんがやってきた。ふたりと会うのも半年ぶりだ。

「久しぶりだねー。いやー、今年はいろいろあって大変だった〜！」と民ちゃんは開口一番に言った。

詳しくは聞かずとも想像がついた。民ちゃんの夫のヒラク君は、半年前の四月一日に下北沢に発酵食品専門店「発酵デパートメント」をオープンしたばかりだった。お店の一角には飲食店を併設していたが、四月一日といえば最初の緊急事態宣言が出る一週間前で、日本全国が外食に対して最大級にビリビリしていた時期である。飲食を伴う新しい店としては大変な船出を強いられたに違いない。おかげでヒラク君は動画の配信やオンライン販売商品の発送などでかなり忙しそうだった。

大変なのはわたしやイオ君も同じだった。いくつもの仕事がキャンセルになり、わたしと妹で運営している恵比寿のギャラリー「山小屋」の企画展も全て中止になった。今回、小屋作業にやる気がでない背景には、そんな日常生活のしんどさもあるのかもしれない。日常が穏やかだからこそ、小屋作りという非日常や余暇が楽しめる。いまの自分にはその余裕がなかった。

夕方、温泉に入ってから帰ると言うオッキーと別れ、電車で帰途についた。新しい家は中央線沿いなので、だいぶ小屋に近くなった。

家に帰るなり、ナナはだだっと駆け出し、和室に向かった。

数秒後、「トム君、死んじゃった……」という小さな声が聞こえてきた。続けて「ほんとだ」とイオ君の声。わたしは、キャリーケースを廊下に置き、あ、このときがきたんだなと思った。

いつもの水槽の中に、いつもの格好のトムがいた。普段からあまり動かなかったので特に変わった様子にも見えなかったが、二日前にあげた餌がそっくり残っていた。

本当に死んじゃったの？　わたしは聞いた。

うん、動かない。ナナは答えた。

そっか。

カブトムシは冬が越せない。自然環境にいるカブトムシはだいたい九月には死を迎える。

だからトムも近いうちに命が尽きるだろうとは思っていたけれど、誰もいない間に死んでしまうとは思わなかった。

その瞬間、ナナが体を床に預けて、あああああ！　と大声で叫びはじめた。それは、泣き声ではなくむしろ絶叫だった。

あああああ！　あああああ！　あああああ！　ナナたちが家にいたらきっとトム君は死ななかったよ！　そうだよ！　もし床暖房がついていたら大丈夫だったんだよ！　トム君を置いていったナナたちが全部悪いんだよー！　トム君が死んだのはナナたちのせいだ。寒かったんだ！

こんな絶叫するナナを見たのは初めてだ。その感情の激烈さに面くらいながら、いや、そんなことない、もう死ぬ時期がきたんだよとわたしは諭した。

「ちがう！　ちがうよ！　トム君は寒くて死んじゃったんだ！　ナナたちがわるいんだよー。ごめんね、トム君！　ねえ、ママ、トム君に会いたいよ！」

わたしもイオ君も、ぎゅっとナナを抱きしめた。

それは愛する存在を失った人の言葉そのものだった。親しい人がこの世を去ったあとわたしもいつも思う。もっとその人のために何かできることがあったのではないかと。六歳でも同じことを思うんだ。そう思うと胸が苦しくなった。

「ママ、今日のことぜったいにママの日記にかかないで。いや、かいてもいいけどナナにはわからないようにして。わたしの人生で一番かなしい日だから」

うん、わかった、と答えた。

ようやく気分が落ち着いてくると、ナナはこう言った。

「いまが二二世紀だったら、ドラえもんにたのんでトム君が生きていた日にもどしてもらうのに」

「その日に戻れたらどうするの？」

「ゆかだんぼうをつけてあげるの」

「うん、そうだね」

ナナはトム君に手紙を書き、家の前にある公園の木の下に埋葬した。見事に赤く色づいたモミジの木だったから、「秋が来るごとにトム君のことを思い出せるね」とわたしが言うと、ナナは答えた。

「もうぜったいここから引っ越さない。トム君がさみしがるから」

うん、そうだね。そうしよう。いまは、トムに一緒にいてくれてありがとうって言おうね。

同時にわたしは、トムはうちで暮らして本当に幸せだったんだろうかと思った。大事にされて幸せだと思うのは、人間のエゴでしかない。カブトムシにとっては、自然環境の中で生き、死んでいったほうがよかったはずだ。ナナがそれを理解するのはもっと先のことだろうけど、いつかそんなことも話せるようになるといいなと思う。

第20章

壁を塗りながら本当の自由について考えた

　また桜の季節が巡って来て、ナナは小学校に入学した。

　真新しいランドセルを背負い、黄色い帽子をかぶり、ぴんと手をあげて信号をわたる姿を見ると、夢を見ているような気分になった。

　え、この前まで赤ちゃんだったのに？　うそでしょ。

　もちろん、わたしは学校までノコノコとついて行った。次の日も、その次の日も。しかし、入学から数日がすぎると、ナナはある地点でくるっと振り向き、「ここでいいよ」と言いながら駆けていった。気をつけてね、信号をよく見るんだよ！　とわたしは後ろから叫ぶだけだ。わーん、寂しい……。こうして、人は一歩一歩と、新世界に足を踏み出していくのか。

　アフリカで生まれた人類が、荒野を抜けて世界に散らばっていったみたいに――。

パンデミック下の学校生活なので、ずっとマスク生活である。給食もひとりで黙って前を向いて食べましょう、ということで、子どもたちはお互いの顔の全貌を知らない。偶然道端でマスクを外した顔で出会うと、お互いに「そんな顔だったんだ〜」と驚いている。安全や健康のためとはいえ、異様なことである。

わたしはここ二年ほど書いてきた白鳥さんとの美術鑑賞の本の執筆をようやく再開した。先にも書いた通り、この本は、人間同士の会話や旅のライブ感自体を本にしていくものなのだが、まとまりがつかなすぎて、自分が正しい道にいるのかどうかわからなくなっていた。書いたものを消し、また書き、それもまた消し。ああ、いつ終わるんだろう。

そんなときに、どかーんとやってきたのがゴールデンウィーク。

小屋時間である。

*

外壁を張り終え、断熱材も入れたので、ここからは「壁」と「床」の仕上げといった内装作業に入る。見た目を自分の好みに整えていく作業なので、楽しいパートだ。室内なので、雨や風、日差しの影響もあまり受けずに済む。先に床を張ってしまうと壁作業のときに床が汚れてしまうので、床にはブルーシートを張ったまま壁を先に仕上げるのが良い。

壁はクロスやペンキ、もしくはベニヤ板の風合いをそのまま生かすなど、様々なチョイスがあるが、わたしは早い段階で漆喰に決めていた。日本の賃貸物件はだいたいクロス仕上げで、アメリカはペンキ、フランスでは漆喰が多かった。クロスは光を吸収する感じがするが、ペンキや漆喰は光を反射する。特に石灰石を材料に製造される漆喰は、素材そのものが持つ自然の粒子と風合いで光を部屋全体にまわす。世界中で伝統的に使われてきた素材で、たぶんハイジのおじいさんの家の壁も漆喰仕上げだったと思われる。そこでわたしは東京で漆喰塗りのワークショップにも参加し、基本的なやり方を学んできた。

今回は、わたしの妹のサチコが、初めて小屋作業の手伝いにきてくれた。

小屋を見るなり「いいじゃん、すごいねえ」と中途半端に驚いた声を出した。

いやいやいや、せっかくだからもっとびっくりしておくれよ。だってものすごい苦労してここまできたんだよ、いまの一〇〇倍くらいの、大袈裟なくらいのリアクションが欲しいんだけど、とダイレクトに訴えると「だって前から写真とかで見てたから、初めて見た気がしない」という。SNS時代の弊害である。

下準備として窓やドアを養生し、ローラーを使って下地材のシーラーを塗る。どんな作業もこういった準備や段取りにけっこうな時間がかかる。

本日のランチは民ちゃんが準備してくれたカレーや大量のポッサム（韓国の塩豚）。

「そういえば、丹羽さんはもう独立したんですか」

カレーを頬張りながら、わたしは大工の丹羽さんに尋ねた。彼は、近いうちに長年勤めた会社を辞め、フリーの大工としてD.I.Y.のワークショップなどをやっていく予定だった。

「そうですね。すでに有給休暇消化の時期に入ってます」

「おお、そうですか。会社には何年くらい勤めたんですか」

「いまの仕事場は、もう二五年ですねえ」と言うと一同がどよめいた。それは本当に大きな節目である。

「おめでとうございますー!!」と麦茶で乾杯した。

ふと丹羽さんは、どうして大工さんになったんだろうと思った。聞いてみると、元々はプロのレーサーになるのが夢だった、という。そのために研鑽を積んでいたところ、両親が知り合いの借金の保証人になり、担保として実家を失ったことが分かれ道に。レーサーの道を断念し、映画プロダクションに勤務したが、労働環境は過酷で、あるときに自分の意に反することを強要されそうになり退職。今度は大工になり、結婚し、長年在日米軍の駐留軍従業員として働いた。子どもたちが成長したいま、ようやく家族のために生活費を稼ぐフェーズから脱しつつあり、自分なりに心地のよい働き方を模索しているという。

「なんか長い〝保護観察期間〟が終わった気分です」と丹羽さんが言うのでみんな爆笑した。

「いや、これが本当なんですよ。急にものすごく視界が広がって、いままで自分が『自由』だと思っていたものは、本当の自由ではなかったと気がつきました。いま目の前にある時間がすべて自分の時間なんだと思うと気分は最高ですね。いまは安定よりも、人生で残された時間のほうが大切に感じちゃって。不安はあるんだけど、なんとかなる気がしています」と丹羽さんは言った。

「なんとかなるスピリット」は、フリーランス生活において重要な資質である。安全地帯から抜け出した先に何があるかなんてわからない。もしかしたら、新天地と信じるそこは荒野で、嵐が吹き荒れているのかもしれない。でも、嵐のあとは必ず晴れ間がくる。そう信じないとやっていけない。

一〇年ほど前、旅のライターを三〇年ほどやっていたという大先輩と話したときに、彼が一番好きな言葉は「人間万事塞翁が馬」だと語った。人生は予想もつかないことに次々と遭遇する。いいことも悪いこともある。いいことに見えた出来事が、ときを経れば不運に転じるかもしれない。その逆もしかりで、不運な出来事も後の幸運につながるかもしれない。

「だから、あまり一喜一憂しないで生きるのがいいんだ、僕はそうしてる」と話してくれた。わたしがライターになったばかりの頃だったから、たぶんこの先の長い物書きライフを思ってエールを送ってくれたのだと思う。彼はそのとき闘病中で、もうこの世にいない。だけど、彼の言葉は、彼の口調のままずっと胸の中に残っている。すなわち「人間万事塞翁が馬」。

下準備が済んだので、塗装をはじめた。自宅で漆喰を塗った経験があるオッキーが今日の先生である。自作のコテをたくさん持ってきてくれ、いつも以上にやる気に満ちている。

「最初はあくまでもうすーく平らに伸ばしていくのがポイント。一度目はそんなに綺麗ではなくても問題ないから」

　民ちゃんも「今日はわたしも手伝うね」と青いデニムのつなぎを着て軽やかに参戦。コテ板の上に漆喰を載せたあと、コテで少しずつ掬い取り、ワイパーのような動きで壁を塗り固めていく。思いのほか漆喰が固いので自然と力んでしまう。ものの五分もすると腕が疲れてきた。

「あんまり力を入れないで動かすのがコツだよ」とオッキーは言うのだが、意味がわからない。だって力入れないと動かせないじゃない？

　ナナも「やりたいー」とやってきた。

「やって、やって」

　こうやるんだよ、とお手本を見せたあと、小さめのコテを握らせた。子どもには、均等に力をいれること自体が難しいようで、綺麗に塗り広げることができない。ぐしゃぐしゃと強くこすりつけた漆喰が小さな団子状になり、そのまま固まっていった。

「いや、だから違うの。力を入れすぎてるんだよ。こうだよ、こう」

　再び手本を見せると、その一言ですべてが嫌になってしまったようで、「もうやらない！」と言い残し、プイッと外に行ってしまった。しくじった。好きなようにやらせてあげればよかった。そう思ったがもう遅かった。

　サチコは上手なうえに作業が速かった。どんどん白い生クリームのようなエリアが広がっていく。

よし、君がきたのは大正解だ！

「すごいよ、上手だね」と声をかけると「そうかな？」と嬉しそうだ。某美大の油絵科に両親が払った学費が思わぬところで役に立ったのかもしれない。しかし、ほんの数分で「でも腕が疲れる。一五分しかもたなそうだよ」と言いはじめた。おいおい、もう少し頑張ってよ。続けていくうちに、オッキーの言わんとする「力を入れない」のコツがつかめてきた。さあ、塗ります！　と気合を入れて壁に立ち向かうのではなく、そよ風に吹かれるようにサァッと手を動かす。いったん感覚をつかむともう腕はあまり疲れなくなった。

夕方には、巨大なバケツに入った二三キロ分の漆喰がなくなった。今朝までベニヤ板剝き出しの状態だったのが、いまや白い漆喰が複雑に光を反射し、小屋全体が柔らかな光に包まれていた。

わあ、明るい……。

＊

いつもの宿の布団で眠りにつく前、丹羽さんの「いままで自分が『自由』だと思っていたものは、本当の自由ではなかった」という言葉が蘇り、「自由」について考えていた。

わたしは相変わらずあくせくした毎日を送っており、自分のための時間がないように感じる。夜もそうそう出かけられないし、週末もたいていナナを連れて公園や水族館に出かけていた。もっと自分のために時間が使えたらいいのに、とも思う。しかし——、それと矛盾するようだが、自分はとてつもなく自由だと感じることもあった。

思いかえすと「自由」はわたしの人生にとって大きなテーマだった。大学の卒業論文も、学科とはほとんど関係のない「束縛と自由」がテーマだった。当時の自分にとってそれくらい切実なテーマだったのだろう。思えば、卒業するとすぐに他の国に移り住んだのも、外国語を学んだのも、「なにか」から逃れるためだった。「なにか」とは、自分を縛る多くのもの。世間の常識やしがらみ、家族、人間関係、そして何よりもそれまでの自分自身である。あの頃のわたしは、自分を変えたい、日本にいたら変わることはできないと強く思い込んでいた。

とはいえ、新天地で地に足をつけて生きるためには、自立する術を学ばなければならなかった。学び、働き、知識を蓄えることで経済的に自立し、家族や組織に依存せずに生きることをゴールにしていた。キャリアはアップし、実際、まぁまぁうまくいっていた。

そんなわたしの人生の海に現れたのがイオ君だった。二三歳からフリーランスとして働いてきた彼の生き方はわたしとは真逆だったのに、奥深い所ではわたしたちの考え方や価値観はよく似ていた。お互いに過度によりかからず、自立した存在でありたいという思いが強く、結婚して最初の二年間は共同生活すら送っていなかった。その後イオ君の生き方に刺激を受けて、わたしも安定した仕事を辞めた。こうして一緒に暮らし始めたものの、お互いの舟を完全に合体させることなく並走させ、オールを漕ぐ姿を見守り続ける、というのが我々のスタンスだった。

そこにやってきたのが、ナナだった。

彼女の出現が夫婦に生み出した変化は、大きなものだった。わたしたちは必然的に一緒にいる時間がとても増えた。それどころか、どちらかが子どもの面倒を見るために、お互いのスケジュールを把握したり、調整したりせねばならない。ときには母や友人、行政サービスにも頼らないといけない。ああ、なんて面倒なんだろうとわたしは思った。自分の時間、空間、行ける場所の選択肢の少なさや仕事上の制約、能力の限界を実感した。だから、子どもを産み、育てることはある意味で、自分ひとりの時間や自由を失うことにほかならなかった。

しかし、六年がすぎてみると、その考えは大きく変わりつつあった。それらは結局のところ、どこまでも表面的な問題にすぎなかった。

本当の自由は自分の内面にある。内面さえ自由であれば、その他の外面的な制約を乗り越えていくことはそう難しいことではなかった。幸運だったのは、わたしには、いつでも「書く」という自分の内なる世界と繋がる活動があったことだ。わたしにとって書くことと自由であることとは、表裏一体のコンセプトだった。自由なスピリットを持つ人と出会い、その人の人生に触れ、自分のありったけを駆使して書くこと。それにより、遠くから吹く風に吹かれ、その息吹を内側に取り込むことができた。最初にライターとして取材をしたエッツは、良い意味で常識やルールから逸脱し、人生を切り開いた女性だった。桜の山を作っている志賀忠重さん、全盲の美術鑑賞者の白鳥建二さんも、独自の荒野を突き進んでいた。そういった人たちの話を聞き、書くということが、それまでわたしを縛り付けてきたものからわたし自身を解放してくれた。

小屋作りも同じだった。自分の手で木を切り、失敗しながら、ひとつずつ作り上げていく。焦る必要も、時間の制約もない。特に、あのナナがギャン泣きした建前を終えたあとは、締め切りも目標も作らなかった。そのとき、やりたいことをやれるだけやる。休みたかったら休む。気持ちはいつも自由だった。

そして小屋は、わたしとイオ君を以前よりも家族として結びつけ、本来ならば出会わなかった人たちと同じ時間を過ごさせてくれた。誰かが参加したければ、わたしはどうぞ来てくださいと言うだけ。一緒に作業ができれば嬉しいけれど、仮にその人が何もしなくてもよかった。小屋は仕事ではない。

小屋プロジェクトはいつの間にかただスキルを伸ばすだけではなく、ささくれだった自分の気持ちを鎮め、世界を押し広げる存在に変わっていった。

とはいえ、わたしを自由にしてくれたという意味で、なによりも大きな存在は、ナナだった。彼女の出現は、一見すればわたしの自由を物理的に削ぎ取ったけれど、実は逆だった。彼女は生まれながらにして持つ宇宙のような優しさと寛容の力で、世界を、そしてわたし自身をあるがままに受け入れた。彼女には、良いママがどんなママかというコンセプトはなかった。自分自身を縛ってきたのはわたし自身だ。ナナは生まれてからずっとわたしとイオ君を全力で愛してくれたのだった。

＊

翌日は朝からしとしと雨だった。何もできないので、最近この集落に移住してきたガラス作家さんの自宅兼アトリエを訪ねた。空き家を購入し、二ヶ月間をかけてセルフリフォームしたという。できあがった家はモダンな雰囲気で庭やアトリエ部分も広々としている。家の一角には完成したばかりのガラス作品が並んでいた。最近恋人ができたばかりの妹のサチコは、お揃いのグラスをふたつ買った。

第21章

パリへのオマージュを魚の骨柄にたくして

世の中はパンデミックで大変な状況が続いていたが、わたしたち家族はわりと淡々と生きていた。

公園の近くの家に引っ越して以来、早朝や夕方、もしくは仕事の合間に四〇分ほどのウォーキングをするのが習慣になった。公園にはわたしが大好きなメタセコイアの木が連なる場所がある。そこを通るたびにかつてヨセミテ国立公園で見たジャイアントセコイアの森を思い出した。高さ一〇〇メートルもある天を突くような巨木が連なる森。まだ歩くことができないナナを抱いて、深い森のなかをイオ君と歩いた。あのとき、つかまり立ちを始めたナナが、ほんの三段ほどの階段をよじ登っただけで、わたしたちは「すごいね、すごいね」と大喜びした。ナナはもちろん覚えていないけれど、時々あの旅のことを話して聞かせる。ナナは自分が赤ちゃんだった頃の話を聞くのが好きだ。

毎日、メタセコイアの木を見るのが楽しみで公園に足が向く。スケールの大きな公園ではないけど、起伏に富んだ風景がある。池で泳ぐ鴨たちや水鳥を見て、ボート乗り場を横切って、最後にベンチに座って深呼吸して家に帰る。

家も少し広くなったので、オンラインでヨガも始めた。「頭痛に効くかもしれない」という周囲のアドバイスで、無理せずに一日一五分だけと決めて続けた。

最初はなにも変化を感じなかった。しかし、ひとつのアクションをとり、それを続ければ着実に何かが変わる。手を動かしていれば、小屋ができあがるように。

半年もするとじわっと効果を感じるようになった。気がつくと、何ヶ月も頭痛の薬を飲まずにいられた。……もしかして、と思った。ずっと悩まされ続けた頭痛から解放されつつあるのかもしれない。


体調がよくなると気持ちも前向きになり、書籍の執筆も進み始めた。いよいよ大詰めに入ると、旅館の一室にこもり、二泊三日の自主カンヅメを決行。たった三日でも家事や子育てのあれやこれやから完全に離れて集中する効果は大きい。わたしは旅館の畳の上に敷いた座布団に正座し、静かに書き続けた。

それは、三日目の朝一一時くらいのことだった。

あ、書き終わった、と思った。終わり方を事前に決めていたわけではなかったけれど、この本はこうして終わるんだな、ということは自然とわかった。

パソコンを閉じると……体の奥底からうねる波のような感情が押し寄せてきた。

幸福や満足にも似た感情で、実際の本が出版されるときとも異なるものだ。

本というマラソンは、ゴールテープを切った瞬間、いつもひとりだ。書くという行為は誰とも共有できない。ある意味寂しいが、たったひとりで喜びを噛み締める時間は格別である。そこにあるのは、自分が納得したものを書けたという喜び。逆に、その喜びなしにはものを書いて生きていくことはできない。

＊

この頃、小屋作業に対しても、珍しいほどやる気に満ちていた。

漆喰塗りが終わったので、次は内装作業の最大の山場ともいえる床張りである。とはいえ、わたしはすでに実家で大掛かりな床張りを経験したので、手順はわかっている。すでに知っていることを繰り返しても面白くないし、せっかくゼロから張るんだからヘリンボーン柄に挑戦したいという野望があった。

ヘリンボーンは、日本語にすると「ニシンの骨」。床材をV字になるように組み合わせるのが特徴だ。魚の骨に似た形状からそういう名前になったらしい。

アンリ・マティスの絵の一枚に、セーヌ川沿いのアトリエを描いた《サン・ミッシェル河岸のアトリエ》（一九一六年）という作品がある。ベッドの上に女性がいて、窓の外にはパリの街並み、床にはヘリンボーン柄が描かれている。二〇世紀の初頭にはポピュラーな床の張り方だったのかもしれない。

わたしがパリで住んでいたアパルトマンの床もまたヘリンボーンだった。年季の入った建物で、床は見事な飴色に変わり、ワックスなどはかけずとも光を浴びると独特の鈍い輝きを見せた。五年を過ごしたそのアパルトマンは、いまでも夢に出てくる。パリ生活へのオマージュとして、あれを再現したい。

なぜ日本でヘリンボーンはあまり見ないのか。わたしが思うに、理由は二つである。

まず、市販の床材には「実加工」がなされている。実には凸と凹があり、板同士をがっちりと接合する役割を果たす。ヘリンボーンはV字型につないでいくので、通常の横張りの床材とは異なる実が必要となる。その一方で、ヘリンボーンにしたいという人はそう多くないのだろう、それ用に加工された床材は割高であった。

二点目としては、張り方が複雑なので、手間も時間もかかり、また職人の経験やスキルも求められることだ。ヘリンボーンは基本的に九〇度の角度で木材同士を組み合わせていく。その過程のどこかで角度がずれると、進めば進むほどそのずれは指数関数的に拡大し、もはや修復が不可能になる。その難しさはわたしも実体験でよくわかっていて、あのとき、小屋を作り始める前、ヘリンボーン柄の天板の家具にトライしてみたことがあった。途中から微妙に角度がずれてしまい、最後のほうは木材の間に不恰好な隙間が生じ、どこかビシッとしない魚の骨柄ができあがった。

ただ、少なくともわたしにとっては、手間と時間は大きな問題ではなかった。やり方を理解すればやれないことはないだろう。どちらかといえば、コストの方が問題であった。

調べると、ヘリンボーン用の床材は一〇平米分で一五万円くらいするものもザラである。うーーむ、と頭を抱えた。正直、これまで小屋建設にいくらのコストをかけてきたのかはもうわからなかった。あるときまで、ちまちまとエクセルに入力して計算していたのだが、ある日急にその作業がすっかり嫌になってしまった。結局のところ払うのならば計算しても意味がないと思うようになり、エクセル表は更新しなくなった。ただ、はっきりしているのは、この間小屋用に太陽光パネルと蓄電池を五万円で買ったばかりだったので、一五万円なんて捻出できるわけがなかった。

さらに世界情勢も逆風だった。ここのところ、世界各地の港や都市がロックダウンされ、運送費用が高騰。木材が手に入らない「ウッドショック」が起こっていた。アメリカなどでテレワークが増え、戸建て住宅の需要が高まったのも原因だとか。なんと、わたしたちの小屋にもグローバル経済が影を落としているらしい、参ったな。

そう思ったときに、ひとつのメールニュースが目に入った。送り主は「西粟倉・森の学校」。岡山県にある製材所で、前に実家をリフォームしたときに材木を購入したことがあった。メールニュースによると無垢の床材をセール中だという。どうやら地元の生産者から直接原木を買い付けて自社で製材しているので、世界市場に左右されないようだ。

すばらしい、さっそくポチろう、とした瞬間、「待った」がかかった。この床材はあくまでも通常の張り方を前提としている。本当にこれでヘリンボーンができるのだろうか。

丹羽さんに「どう思います？　ヘリンボーン用ではない床材でもできると思いますか」とメッセージを送ると、すぐに返信をくれた。

「自分たちで実をひとつずつ加工していけば、理論上はできると思います」

なるほど。それもそうか。じゃあ細かいことは後から考えよう、とヒノキの床材を三箱まとめて購入。通常ヘリンボーンを組む場合は、材料を余分に買っておくことが推奨されるが、そんなセオリーは無視し、ギリギリの量を買った。しめて四万六二〇〇円なり。

＊

当日、丹羽さんは「うまくできるか心配で、よく眠れなかった」と言いながら登場した。パリへのオマージュ、うふふ、楽しみ、と快眠していたわたしは、「そんなにプレッシャーを感じさせちゃってすみませんね」とヘラヘラと謝った。だいたい、ちゃんとできなくても丹羽さんのせいではない。あくまで作るのはわたしで、丹羽さんはアドバイスをする人だから。わたしは、時間だけはたっぷりかけられるようにと、今回は三日間をヘリンボーン作業にとっていた。

材料の箱をあけるとヒノキの良い香りがした。

準備段階として、無垢の木材に保護塗料を塗る。

床材は一箱につき三六本入りで、計一〇八本。用意した保護塗料「ブライワックス」は四種類。実は、せっかくだから普通の住宅ではしないことをやろうと、四種類の異なる色のワックスを買っていた。木材を濃さや風合いの異なるブラウンに塗り分け、配置することにより、唯一無二の柄が生まれるはずだ。当然、ものすごくヘンテコな仕上がりになる可能性もあるが、イギリスで生産されるブライワックスの仕上がりがわたしは好きだったし、なんといってもここは自分の小屋だから、怖いものはない。

この日はデザイナーの友人も六歳の娘、リクちゃんを連れてヘルプに来てくれていた。リクちゃんは、リフォーム番組が大好きだそうで、録画した番組を一〇回も見ているとのことだった。わかるなあ。わたしもかつて『大改造!!劇的ビフォーアフター』が大好きだったから。三〇分くらいの間に、古くて暗い家が大変身！　現実は、そんなに簡単じゃないっていまならばわかるんだけどね。

そんなリフォーム大好き少女やナナも含め、みんなでワックスをせっせと塗っていると、近隣の家の子どもたち（きょうだい）がやってきて、「やりたい、やりたい」とせがむ。「服が汚れるけどいいの？」と言うと、ふたりとも嬉々として塗り始めた。こうして子どもたちの力も活用しつつ、三時間ほどをかけてワックスを塗り終える。

さあ、いざ張ろうと腰をあげて、啞然とした。驚いたことに最初の一枚、要するに張り始めからしてなにをどうしていいのか全くわからない。普通だったら、端っこから一枚ずつ張ればいいのだが、なにしろいきなり斜めに張らないといけないんだから。

まあ、まずは仮組みしてみるか、ということになり、いったん木材をヘリンボーンの形状に組みあげる。そして一辺をまとめてスパッと切ると、山型が出来上がった（三一一ページ図）。「V字の山の先端を起点にして、先へ先へと張り進んだら、どうだろう」と丹羽さんは言った。

「いいですね、現実的だと思います」

試しにやってみると、うまくいきそうな予感があった。

こうなったら、どうなっても（D.）いいから（I.）やろう（Y.）。

＊

翌朝、あたかもこの瞬間を狙ったかのように、建築家のタクちゃんが華麗に現れた。彼は、まさに今日のような複雑な作業で必要とされる人物である。

到着するなりタクちゃんは「さっそくやりましょう。午前中には終わらせましょう。目標は午前中に終了です！」などとハッパをかける。わたしは「うん、まあねえ、でも難しいから焦らずやろうよ」と答えた。

とりあえずは、実を加工しながら山型にV字をどんどん延ばしていく。ここは簡単なパートで、ただ九〇度の角度をしっかり維持することに集中していればいい。しかし、V字がついに壁にぶつかると、壁に合わせた形のピースが必要になる。わかっていたことだが、これはジグソーパズルを作るような面倒くさい作業である。タクちゃんと手分けし、小さなピースを作っては、ひとつずつはめこんだ。ピースをひとつ作るのにも何分もかかるので、作業は遅々として進まない。特に不器用なわたしにとっては、甚だ苦行である。

ピタッとはまると、おっしゃ！　とガッツポーズしたくなるが、なかなかそうはいかない。はまりにくいピースはもう一度測り直して調整するか、一からやり直すしかない。もちろん形を合わせるだけではなく、実の凹凸部分も合っていないといけない。次第に頭がこんがらがり、げ、間違えた、うわー、ありえない、やだやだ、と作り直している間にも時間は刻々とすぎ、材料も無駄になっていった。

「いま、メキシコでホテルを建ててるんです」

コーヒーを淹れて休憩していると、タクちゃんはそう言い出した。

「えー、ホテルって？　どんなホテル？」

「いわゆるリゾートホテルです」

そういえば、彼は半年前にメキシコで彼女と結婚式をあげたばかりだ。結婚式はＳＮＳで中継されたので、わたしも見ていた。カンクンの海沿いのホテルでリラックスした雰囲気の式だった。

ヘリンボーン

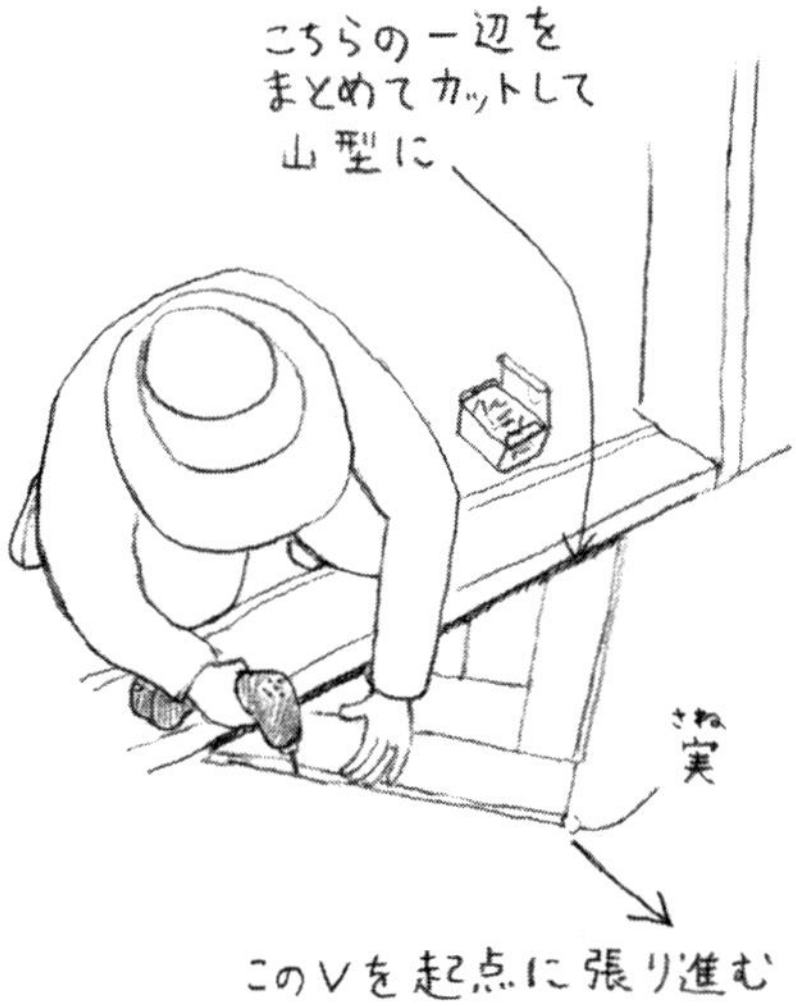

山型からスタート

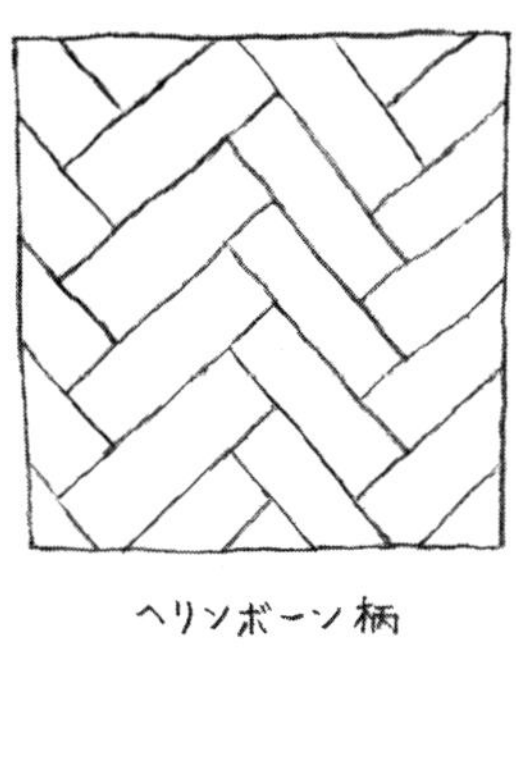

ヘリンボーン柄

「リゾートホテルなんてすごいじゃん！」

「まあ、〝自邸〟として建てるのですが、僕たち夫婦がメキシコにいないときは、それをホテルにもできる仕様にしています」

タクちゃんは、仕上がりイメージをタブレットで見せてくれた。どうみてもプール付きの高級リゾートヴィラである。わお、ホテル王だね、とからかうと、タクちゃんは至って真面目な顔で、「あと何棟か建てようと思うので現場監督として丹羽さんにもきてもらいたい」と冗談なのか本気なのかわからない口調で言う。メキシコ留学中、わたしは勝手に彼女とデートばかりしていたのではないかと思っていたけれど、どうやらきっちりと現地の建築の勉強もしていたようだ。誤解してスマン。

「タクちゃん、結婚してからビッグになったね」とわたしは感心し、イオ君は「じゃあ、俺もメキシコで雇ってくれ」と言いだした。民ちゃんも「いいねえ、みんなでメキシコ行きたい」と身を乗り出し、おお、みんなで行こう！　と盛り上がる。世界的パンデミックでいつ次に海外旅行に出られるのかはわからないけれど、この瞬間だけは旅への希望に満ちていた。

作業を再開し、こつこつと魚の骨との格闘を続ける。徐々にコツがつかめたので面白くなってきた。特にタクちゃんは「よし、できた、次！」とノンストップである。メキシコでリゾートホテルを建設している男に変な小屋で無償労働をしてもらっていると思うとおかしい。ナナをはじめもっちゃん、リクちゃんの三人は、小さな椅子を小屋の入り口の前に置き、座ってこっちをウォッチしている。たまに休んでいると「こらー真面目にやれー、さぼるな」「きゃははは！」「休んじゃダメー」などと現場監督気どりで誠にウザい。「もう邪魔だからあっちに行ってよ」と言えば言うほど「やだー！」と面白がり現場から離れない。

そうしている合間に、タクちゃん、丹羽さん、わたしの作業はいよいよ最終コーナーを回った。小さな波が遠い島に到着するかのようにヘリンボーンは部屋の端まで到達。最後の一ピースもぴたっとはまり、夕方には床のすべてがニシンの骨の模様で埋めつくされた。たまげた。感動した。小屋づくりを開始して以来、初めて泣くかと思った。

ヘリンボーンは、想像していたよりもずっと美しかった。窓からは夕暮れの日差しが入り、四色の床材が光を複雑に反射している。濃い床の色で全体が締まったことで、漆喰の白さが一段と映えた。

当初はパリをイメージしたけれど、出来上がってみればパリとは違う場所で、いや、それはどこでもなかった。

子どもたちも「きれーーーーい!!」と大きな喜びの声をあげた。デザイナーの友人は「すごーい！　完成が見られて本当に嬉しい！」とべたぼめして写真をとりまくり、タクちゃんは「うん、まあ、悪くないですね」と現場監督らしい口調で頷いた。最後にヒラク君がやってきて「すげええ、いいじゃん！　乾杯しようぜ」とワインを取りにいった。ナナはにこにこして出たり入ったりし、イオ君も満足そうだ。

うん、わたしたち、やったね。

初めて靴を脱いで小屋の中に上がり、みんなで車座になる。ワインボトルをあけ、紙コップに注ぎ、乾杯した。

わたしは大の字で寝っ転がり、しみじみと小屋を眺めた。

壁があり、床がある。もうここで寝起きすることができる。

この日が来たんだなあ。

思えば、三年前のゴールデンウィークに、基礎工事をしたんだった。あのとき、本当に作れるのだろうかという不安でいっぱいだったことを懐かしく思い出した。不安を訴えるわたしに、イオ君はこう言ったっけ。

――俺はすごくいいアイディアだと思うし、楽しみだよ。きっとナナも喜ぶし、大丈夫――

確かに、そうだったね、ありがとう。

第22章

みんなの思い出、井戸掘りサマー

「人類に生まれたからには井戸を掘りたい」

そう言い出したのは、ヒラク君だった。

なんだそれ？　どういう意味？

二〇二一年六月の夜、わたしたちは小屋の敷地で焚き火をしながら、遠くできらめく街の灯を眺めていた。炎を見ながらゆっくりと焼酎を飲む。すると普段の煩わしい雑事をしばし忘れられた。焚き火はこの小屋の風景の一部になりつつあった。

そのときいたのは、オッキー、丹羽さん、イオ君、ナナとわたし。

「考えてみたら、あとは水があれば全部インフラが揃うんだよ」とヒラク君。

「まあ、確かにそうだね」とわたしは答えた。

電力は太陽光発電で全て賄っていた。天気の良い日だけ外に出すポータブルな商品だけど、太陽が出ていれば半日で蓄電池がいっぱいになり、夜の灯り、扇風機、携帯や工具の充電も余裕で賄える。トイレはコンポストだし、バーベキューコンロとカセットコンロで肉も焼けるし米も炊ける。確かにあとは水さえあれば、生活に必要な電気・ガス・水道などのライフラインを公共事業に依存しない「オフグリッド生活」を達成できる。

「ね、でしょう。だから井戸を掘ろうよ」

なるほどー、とか言いながらわたしは、やっとのことで小屋ができたんだから、しばらくは何もしたくない、というのが本音だった。しかし即座に否定するのもどうかと思い「井戸って自分たちでできるのかな？」と白々しく聞き返した。その真横で、イオ君は即座に「やりたい！」と身を乗り出した。さっそく「井戸」「D.I.Y.」で検索し、「やれる！」と結論にジャンプした。え、そんな簡単に結論出しちゃって、またまた、適当なんだからー。

目の前ではパチパチと炎がはじけ、イオ君が端材を投げ入れた。

わたしもなんとなく検索すると、うわ、いるわ、いるわ。自力で井戸を掘る人たち！

「水脈に当たればけっこう出るみたいですよ」と丹羽さんも後押しする。

「人類に生まれたからには井戸を掘りたい！」とヒラク君は高揚しながら繰り返した。

確かに人類二〇万年の歴史の中で、水道が日本の八〇パーセントの世帯に普及したのはほんの五〇年くらい前の話にすぎない。生まれては死んでいった無数の人間が井戸を掘ってきたのだから、我々がやれない理由はひとつもないのかも。

夜が更けてくると、イオ君は「中村哲さんは医者なのにアフガニスタンで井戸を掘っていたよね、やっぱり人間にとって大事なのは水なんだ。ここに水が出たら中村哲の井戸と名付けよう」などと酔っ払いらしいことを言う。わたしはどうでもよくなり、ナナと一緒にロフトに引き上げた。その後も男たちは焼酎を片手に、深夜三時まで井戸ネタで盛り上がったようだった。

酔っ払いの戯言で終わるだろうと予想していたのだが、イオ君は翌朝もしっかり覚えていた。そして、東京に帰ってからも井戸の話を熱心に続けている。草刈りや子どもとの遊び以外で、ここまでやる気に満ちたイオ君を見たのは初めてだ。わたしは、いいね、面白いぞ、やれやれー、と思った。

かくしてわたしたちは、暑さが最強になりつつある夏休みのはじめに井戸掘りに出かけることになった。東京二〇二〇オリンピックのせいで今年の学校の夏休みは四四日間もあるが、我が家は完全なるノープランなので、ちょうどいい夏の思い出になるかもしれない。

特急に乗り込んだイオ君が手にしているのは、妙に長い棒。ヤフオクで約三万円で落札した「井戸掘りキット」だ。どのように使用するのかは、わたしにはまるでわからなかった。

井戸掘りにはどうも奇妙な魅力があるようで、思いもよらぬ方向から助っ人が現れた。長野県に住む友人家族の息子・駿平君（一九歳）と娘・珠希（一二歳）である。駿平君は浪人生で、神奈川県の予備校に通いながら東京藝大の建築科を目指していた。そこでイオ君が「どんな建築作品を見るよりも、井戸を掘る経験のほうが大学受験に役に立つぞ！」と受験戦争史上最も無理のあるロジックを展開。すると駿平君は爽やかな笑顔で「行きたいです」と答えた。TUBEの「あー夏休み」では、ビーチで女の子に囁いたり、涙を流したりしているのに、一九歳の夏が井戸掘りで良いのだろうか？　ま、いろんな形の青春があるということで。

珠希はショートカットがよく似合う少女で、「わたしも井戸を掘ってみたい！」と自らの意志で参加。長野県の松本から鈍行列車に揺られて塩山駅までやってきた。普段は水泳とボルダリングをやっていて、懸垂もなんなくこなすというので大きな戦力になりそうだ。ちなみに兄妹の両親は来ないので、わたしは子どもたちを預かるキャンプ主催者のような気持ちで臨んだ。

ここら辺に井戸があったらフォトジェニックだね、というヒラク君の一言で井戸を掘る場所が決まる。そこは、まあまあ小屋の真前で、葡萄の木の横だった。はて、こんな決め方で良いのか知らんけど、わたしは見守るのみだ。

このときイオ君は井戸掘りキットの説明書を初めて開いた。

おいおい、あれだけのやる気を見せておきながら、今なのか？　説明書にはなにやら細かい文字がびっしりと書かれていて、想像した以上に複雑そうだ。

「ぜんっぜん意味がわからない！　こんなの読み解ける人いないよ」

イオ君は理不尽に説明書に毒づき、早くも匙を投げようとした。忍耐力ゼロである。ただ我々には職人気質のオッキーがいる。オッキーはじっくりと説明書と向き合い、「どうも塩ビのパイプが必要みたい」と新情報をもたらした。しかしイオ君は何も始まっていないのにもう面倒なのか、はたまたこれ以上投資したくないのか、「まあ、パイプなんかなくても大丈夫なんじゃないか」と根拠ゼロなことを言い出す始末。おいおーーい。

オッキーが優しい口調で「ね、とにかくパイプを買いに行きましょう」と諭し、ホームセンターへ買い出しに出かけることになった。相変わらず段取りの悪い川内家である。キッズたちもぞろぞろとみんな付いていったので、わたしは誰もいなくなった小屋のロフトで読書をし、平和な時間を過ごした。

四〇分後、買い出し組は一メートル分の太い塩ビパイプ六本、そして巨大な鉄製のハンマーとともに戻ってきた。どうやら、井戸を掘るといっても単純にわっせわっせと穴を掘るわけではないらしい。

①ハンマーで地中に塩ビのパイプを埋め込んでいく（三二一ページ図）。

②パイプのなかに長いドリル（井戸掘りキット）を挿入し、ぐるぐる回転させ、土を掘る。

端的に言うと、この二つの作業を水の層にあたるまでひたすら繰り返していく。ドリルは連結式になっており、最長六メートルまで伸ばすことができる。つまり六メートルまではこのキットがあれば掘り進めることができるわけだ。しかし、ただ穴にドリルを突き刺しただけでは、どんどん地中の土が崩れて掘るそばから穴は埋まっていってしまう。そこで必要なのが直径一〇センチのパイプ！　それが地中に空洞を作る役割を果たすのだ。

よし、理論はわかった。労働力も材料も揃った。さあ、いざ掘るぞ！　と立ち上がった瞬間、空がぐんぐん灰色の雲に覆われ、激しい雨が降り始めた。これってゲリラ豪雨？　ひゃあ！　と各々小屋の中やテントの下に逃げ込む。雨雲レーダーをチェックすると、なぜかわたしたちの頭上にだけ局地的で強烈な雨雲があった。その後も、雨雲は頭上に居座り続け、作業を開始できるタイミングが全くこない。おかげで、その日は庭に張ったテントの中でダラダラとしゃべるだけで終わってしまった。

夜になると雨は上がり、たこ焼きでも焼こうぜ、ということになった。

「たこ焼きが大好き！　この前のお誕生日プレゼントは『たこ焼きプレート』だった」と珠希がいうので全面的に任せる。

三〇分もすると、立派なたこ焼きができあがった。

「おいしいよ」と声をかけると、「なんか違うの～！　うまくできてないよ、悔しい」と言う。

井戸掘り

巨大な鉄製ハンマーでパイプを埋め込む

「そんなことないよ、おいしいよ」

「納得いかない。もっとうまくできたはずなのに」

珠希は、自分の理想を追いかけるストイックな性格なのかな。

そこにイオ君が「俺は肉が食いたい」とバーベキューコンロで大量の肉やソーセージを焼きはじめた。さらにヒラク君がワインを、民ちゃんがウニご飯を差し入れてくれ、最終的には妙にゴージャスな夕飯になった。オッキーは東京から持参した三線をひき、キッズたちは花火をし、夏の夜は更けていった。


翌朝、全員六時前に目を覚ます。ロフトで寝ていた珠希は暑すぎてよく眠れなかったらしい。

「コーヒーでも飲みましょう」とオッキーが言い、コーヒーを淹れてくれる。カセットコンロに乗せたフライパンで食パンを焼き、ハムを乗せ、朝食のできあがりだ。現時点では晴れわたっているけれど、予報によると午後から雨。というわけで、食べ終えると同時に作業開始のゴングが鳴る。カーン！


まずイオ君が地中にパイプを打ち込むことになった。ここで登場するのが本日の秘密兵器、巨大な鉄製ハンマー。イオ君はそれを力いっぱい振り下ろした。ところが、どういうことだろう。パイプは地中には入っていかなかった。「とりゃああ！！！」と力ずくで打ち込んでも、数ミリめり込むだけ。しかもハンマー自体の重さが五キロくらいあり、持ち上げるだけでも重労働である。

「本当にきつい、これは尋常じゃない」

何度か繰り返すだけで腕に痛みを覚えたらしく、前途多難感がひたひたと押し寄せた。

「じゃあ僕がやります」と駿平君に選手交代。勢いよくハンマーを振り下ろすと、少しずつパイプは地中に沈んでいった。駿平君も疲れると、次はオッキーに交代。

「オッキーはそんなに力を入れているようにも見えないんだけど、不思議と一番うまく入っていくんだよ」とイオ君は感心した。

パイプをある程度の深さまで埋めたあとは、ドリルをパイプのなかに入れ、ハンドルを回す。こちらはそこまでの腕力を要しない作業で、珠希が楽々とドリルを回し、おおっ、これならばいけるかも、と思った。順調に一メートルを掘り終えたところで、一度ドリルを地中から引っ張り出し、先端の溝にたまった土を掻き出す。それにより、土の質が変わっていくことがわかる。わたしたちの足元の土も、立派な地層になっているのだ。

説明書によれば、水は粘土層か砂の層から出やすいという。

しばらくすると、土にキラキラとしたものが混じり始めた。よく見ると、本当に金の粒のようにも見える。

すごい、光ってるよ！　と珠希は無邪気に興奮し、金の粒を集め始めた。

おお、すごいね、こりゃ金かも、とイオ君、オッキー、駿平君も盛り上がる。

「最初の頃は元気だったから、やばい、金が取れたぞ、みたいなくだらない話をしていたけど、だんだんその余裕もなくなっていった」

そのときのことを思い出し、イオ君はあとからこう言った。


掘り始めて三時間が経過。土の層はどんどん変化していき、さらさらした砂の層や噂の粘土層も出現した。期待感がいよいよ高まっていく。

一〇時を回ると、気温は三〇度を突破し、体力的にはキツい時間帯に突入した。強い太陽がじりじりと照りつけてくる。

すでに井戸掘り組は消耗していたが、それに反比例するがごとく珠希の元気な掛け声が響き渡る。

「えいやー、はいやー、えいやー、はいやー」

「よいしょー！　よいしょー！」

その様子を見て、今年も祭りがなかったから景気良くていいじゃん、とわたしは他人事のように思った。

予告通りわたしは何もしていなかった。ただテントの下に座り、東京からわざわざ様子を見にきたデザイナーの友人と喋りながらぼやっと傍観しているだけ。だって暑いんだもん。むしろ熱中症にならないことが貢献だとすら思った。

「よいしょー！　よいしょー！」

「せいやー、せいやー」

思い思いの掛け声とともに井戸掘りは進んでいく。小屋の中で遊んでいたナナともっちゃんもドリルを回しにきた。君たち、これは貴重な経験だよ、夏の思い出か自由研究としてよく脳裏に刻みつけておきたまえ、と思うわけだが、キッズたちは新しい遊具としか思ってなさそうだ。


連結式のドリルはどんどん長くなり、小屋の屋根をはるかに超えるほど長くなった。こうなると引き抜くのも容易ではない。ここにきてドリルの回転がおかしくなり、なにかに引っかかって引き抜けないというアクシデントが頻発した。イオ君と駿平君が「ぬおおおおお！」と力ずくで引っこ抜こうとするがびくともしない。「コレハヤバイデス」と全員が思った。無理な力をかけたあげく、地中深くにあるドリルの接続部分がすぽっと取れてしまうのが一番怖い。そうなると二度と引き抜くことはできなくなる。そこでオッキーが「棒を少しずつそっと揺らして、周囲にすきまを作りながら引き抜こう」と提案。試すとうまくいき、一同ほっとする。

ドリルを引き抜くたびに「今回こそ水が出てくるかもしれない」と緊張感が走る。しかし、毎回「あー、粘土層だけど今回も違った」「出ないね」「よし掘り進めるぞ」という展開である。イオ君は「せやあああ、せやあああああ!!」と声だけはバカでかいが、ハンマーにこめている力は大したことがないようで、パイプの沈みはますます遅くなった。一方で、一〇代の駿平君の体力は無尽蔵である。爽やかな笑顔で「次は僕がやります！」と全力投球。こうなったら、絶対志望校に合格しますように、と井戸の神様にお願いする。

すごいチームワークである。こころがひとつってやつじゃないか。この夜からまさに東京オリンピックが開会する予定だったが、ここがオリンピック競技場のようだった。

このときのチームメンバーをイオ君はこのように評した。

「一言で言うなら、駿平君は体力と気遣いの男。オッキーはヨーダみたいに知恵をいっぱい持ってる人。珠希ちゃんは元気があって盛り上げ役。俺はなんだろう、旗振り役で……資金を出した人かな」

そう言われてみれば、イオ君は、約四万円という多いとも少ないとも判断し難い額を井戸に注ぎ込んでいた。

カレーを食べ、休憩していると雨が降りはじめた。しかし、三時くらいには上がったので作業を再開する。気温も下がり、むしろ好条件である。カーン。第二ラウンドのゴングが鳴った。

「よいしょー！　よいしょー！」「せいやー、せいやー」が繰り返され、わたしは見えない神輿を見守った。

——平均すると、六メートルで水が出ます。

説明書の一文がみんなの支えとなり、チーム・井戸掘りは重いハンマーを数百回も振るった。夕方にはついにドリルは最長の六メートルまで伸び、最後のパイプが打ち込まれた。

それでもまだ水は出ない。

「もうここで止めよう」

イオ君が言うと、場がしんと静まりかえった。敗北宣言だった。

眺めの良い温泉で汗を流し、食堂でラーメンを食べた。わたしは試合後のインタビュアーよろしく「今のお気持ち」を聞いてまわった。

「精も根も尽き果てた。でも人力で六メートル掘れるんだってわかって嬉しかったよね」（オッキー）

「掘ってる間は目の前の作業に夢中になっていて、水が出るかどうかは気にならなかった。本当にやりきったから楽しかった」（駿平君）

「毎回毎回手応えが違うでしょ。発見が多いから楽しかった。パパとママに頼んで、来られてよかった！」と言う珠希は最高の笑顔だ。実際のところ、この兄妹はすばらしい戦力＆ムードメイカーで、いるだけでありがたかった。

一方のイオ君は、悔しそうだった。

「井戸の位置を適当に選んでしまったのがよくなかった。ちゃんとダウジングから始めないといけなかったんだ」

「ダウジング？」

ダウジングとは、古代ヨーロッパを起源とするもので、中世には水脈や鉱物、遺跡などを探し当てるために用いられた方法だ。Ｌ字になった二本の棒を人が両手につかんで歩きまわると、見つけたいものから伝わるエネルギー的なものを感じとり、しまいに二本の棒がすっと開いたりする。実際の水脈探しなどに使用されていた時代があるとはいえ、現代ではどうもウサンくさい方法にしか思えない。

「こっくりさんみたいなやつだよね」とわたしが言うと、「いや、全然違う！」とイオ君は言う。

「ＴＯＫＩＯがダウジングで水脈を当てて、井戸を掘り当てたことがあるんだよ」と言いながら、詳しい手順を説明してくれた。調べてみると『ザ！鉄腕！ＤＡＳＨ!!』の企画で、ＴＯＫＩＯはちゃんと井戸を掘り当てていたので、全方位的に非科学というわけでもなさそうだ。リーダー・城島茂の「一番過酷なロケだった」というコメントもあるのでガチな企画だったのかもしれない。

ふうん、じゃあ、やってみる価値はあるのかも。いや、そもそも、もっと早い段階でその番組からいろいろ学んでおけばよかったんじゃない？

結果からするとそのように思うのだが、人間というのは実践、失敗してみて、初めて真剣に学ぶのだろう。それに、不思議なもので、成功した喜びだけじゃなく、失敗した悔しさもまたいい思い出になったりする。何事もやっている途中が一番楽しい。

「絶対にもう一度トライする。To be continuedだ!」とイオ君は宣言。

大人にとっても子どもにとっても唯一無二の夏の思い出、名付けて「井戸掘りサマー」はこうして終わった。

第23章 BON VOYAGE!

二〇二一年一〇月九日。

朝六時前に起きて駅に向かう。電車は朝七時三〇分新宿発の特急あずさ。車内はハイキングや山登りに出かける人たちで混んでいる。

長距離移動に慣れているナナは、電車では何冊もの本を読んで過ごす。朝食のいちごのフルーツサンドを食べ終える頃には、大月駅に到着、レンタカーに乗り込む。この四年間でうちの家族に定着したルーティーンだ。

頭上には、絵に描いたような秋晴れが広がっていた。陽気は汗ばむほどで、晩夏と初秋がパレットの上で混ざり合ったみたい。市街地をぬけると、あたりにはぶどう畑が延々と広がる。この地域が美味しく輝く季節である。

「そうだ、明日はぶどう狩りに行こう」とナナに言うと、「え、どこ？　どこにぶどうがあるの？」と窓から目をこらした。ナナは体の半分がフルーツでできてるんじゃないか、と思うくらいにフルーツが好きだ。

「ほら、見える？　あの棚からぶら下がってるの、全部ぶどうなんだよ」

「わあ！　あれ、全部!?　早く食べたい。あと、桃も食べたい」

「桃の季節はもう終わった」

「じゃあ、いちごがいい」

「いちごはこの辺では作ってないよ。りんごならあると思うけど」とイオ君が言った。

そういえば、今日はわたしの誕生日だ。なんと四〇代最後の年である。イオ君もナナも忘れているようだが、このまま忘れられてもまったく構わない。


塩山駅でまたデザイナーの友人親子と合流し、井戸掘りのときに来た珠希をピックアップする。寝袋を入れたリュックを背負い、今回も松本から三時間、中央本線に揺られてきた。中学生になるともうひとりで遠くまで旅をできるのか。

ナナも、いまや少しだけ親元から巣立った感がある。朝、友だちと一緒に学校に通い、午後は学童クラブに移動。帰りは途中までお友だちと一緒だけど、最後の二〇〇メートルはひとりで帰ってくる。心配性のわたしたちは夏休み前までは学童クラブまでナナを迎えに行っていた。しかし、迎えの時間が少しでもズレてしまうと、他の子と一緒に帰ることができない。そんなとき、ナナは「遅いよ、もうみんな帰っちゃったよ……」と心から悲しそうだった。だから、ある日、思い切って告げた。

「お迎えは今日が最後だよ！　明日からお友だちと帰っておいで」

「やったああ！」

ナナは飛び上がって喜び、周囲の子たちも「よかったねー!!」と祝福した。

本当は、あらゆるところについていって、世界で起こりうるありったけの悪いことから守ってあげたいけど、それじゃあダメなんだよね。だから、わたしたちは、ナナに自分の身を守りながら、この世をわたっていくための知恵を授けないといけない。道路を安全に横断すること。危険に注意を払うこと。怪しい人物についていかないこと。理不尽なできごとや誰かに傷つけられても立ち直れる術。友人を作ること。人を信じること。誰かを頼ること。頼っても頼りすぎないこと。世界は広いこと。ガマンできなくなったら逃げ道を探すこと。可能性はたくさんあること。前に向かって走ること。ときには休むこと。おいしく食べられること。自分で考えて、手を動かすこと。そして、小屋を作れること……はいらないか。

小屋に着くなり、やるべきことは多い。椅子やテーブルや日除けテントを納屋から出し、セットする。二〇リットルのタンクいっぱいに水を汲んでくる。小屋の窓を開け、太陽光発電パネルを出し、ランタンを充電する。料理用にコンロや鍋を出して……と準備するうちに、小屋仲間たちが続々到着する。

とはいえ、今日は小屋関係の作業はない。季節もいいし、食べたり、飲んだり、遊びに行ったりしようというのが今回の目的である。ついにそんな遊びのフェーズがやってきたのだ。

「こういう日を楽しみにしてたんですよー。やっと来ましたね」と丹羽さんも笑顔で言う。丹羽さんは、いつの間にか「大工さん」からただの友だちになっていた。


遊びがてら、小屋の背面の白い外壁に何かを描こうということになった。

「なにを描いてもいいよ。とにかく、それぞれがここに来たってことが残れば」とその場にいたみんなに呼びかける。この壁面は、当初、アーティストの友人に壁画を描いてもらおうと思っていたのだが、いつしか気が変わり、ここに通ってくれた友人たちの痕跡を残したくなった。

「絵でも好きな言葉でもなんでも書いてー」

ナナ、もっちゃん、友人の娘のリクちゃんの六歳ガールズは、まっさきになにかを描き始めた。見てみると三人ともお互いの名前を書き「ありがとう」と添えていた。六歳にしてお互いの存在に感謝しあえるなんて、ちょっと感動的だ。白い壁には、丹羽さん、オッキーのそれぞれの名前や絵が描き込まれていく。イオ君は、簡単な名前のサインだけ。

思えば小屋仲間は回を追うごとに増えていったが、募集していたわけではない。ただ「来たい」という人がいれば、どうぞ！　と答え、自然に仲間が増え続けた。来たい人が来たいタイミングで来て、帰りたいときに帰っていく。そんなゆるやかな集まりが心地よかった。

わたしはあまり深く考えず、「BON VOYAGE!」と書いた。良い旅をという意味のフランス語。わたしはこの言葉が好きで、サイン会でもメッセージでも、あらゆる場面で書いてきた。ある本を読んで、この言葉はかつて航海中の船がすれ違うときに、船長同士が交わした「良き航海を」という挨拶だったことを知った。それは乗組員ではなく、船長だけが使う言葉だったという。自分の手で船を操り、嵐を乗り越え、未知なる地を目指すもの同士が交わす言葉。

午後になると、イオ君が街に下りてバースデーケーキを買ってきてくれた。真っ赤ないちごをあしらったホールのケーキは、清く正しい誕生日がきました、という感じがして、みんなの「おめでとう」という声と重なり合い、こそばゆかった。


夕方、隣人で一人暮らしをしている元医師のMさんに話しかけられた。

あのね、とこちら側の敷地に生えているセイタカアワダチソウを指差し、「あれを切ってもいいですか。ちょっとアレルギーがあるんですよ」と言う。そう言われてみるとちょっとした樹木のようなサイズになっていた。

「あ、すみません、すぐ切りますね。というか、いつもお騒がせしてます」

Mさんは七〇代後半くらいだろうか。時々庭で顔を合わせるのだが、わたしたちのガヤガヤした小屋作りに一切干渉してこず、ただ穏やかに見守ってくれていた。

「そちらの家のことで、わたしたちが何かお手伝いできることがあったら教えてください」

「特にないんだけど、そうだ、たまに一緒に酒を飲んでくれませんか、一人だから」

「それ、得意分野です。今夜どうですか？　焚き火を囲んで一杯飲んでますので」

夜になると、Mさんは初めて敷地の境界線をまたいでこちら側に入ってきた。

「どうぞ」と差し出された保冷バッグの中には冷えた缶ビールが入っている。

わたしとイオ君はカセットコンロで鍋を作った。鍋というのは日本人が生み出した最高の料理のひとつだ。ぐつぐつ煮込んで、ポン酢につければ、具材が美味しさを引き立て合う。最後にうどんを入れれば、お腹がいっぱいになる。

Mさんの医師時代の話を聞いたり、みんなで音楽を聴いているうちに、夜は更けていく。するとMさんは、いったん家に戻り「これを飲みましょう」と言って、ウイスキーの瓶を持って戻ってきた。サントリーのシングルモルト「山崎12年」である。

「え！　いいんですか？」

「いいよー、一人で飲むより、みんなで飲むほうがいいから」

ヒラク君は、ウイスキーを一口飲むなり、叫び声をあげた。

「うめえええ！」

「そんなに美味しいなら一口だけ」と、普段はお酒を飲まない丹羽さんもトライ。つられてわたしも数口。琥珀色の液体は、ぼわっと口の中に広がって、飲み込んだ途端に胸が熱くなった。オッキーは妙に礼儀正しく「僕もいただきます」と言い、すぐに「もう一杯いいですか」と尋ねた。その言葉は幾度も繰り返され、ウイスキーは凄まじい勢いで減っていった。

翌朝は、夜明けとともに目が覚めた。ナナはまだ寝袋にくるまってぐっすり眠っていた。ロフトの枕元にある小さな窓をあける。朝のひやりとした冷たい風が顔に当たった。窓の向こうに秋らしい空とくっきりした山々が見える。

とても満ち足りた気分だった。

今日も素晴らしい日になりそうだ。

庭に出ると、昨夜夕飯を食べたテーブルの周辺は惨劇でもあったかのようにぐちゃぐちゃだった。空になったウイスキーやワインの瓶が転がり、鍋を食べ終えた皿があちこちに置かれ、肉や野菜が飛び散り、溢れたコーラに無数の蟻が群がる。

やれやれ、と思いながら、ひとつずつ片付けていく。

イオ君が火をおこすと、珠希とナナも小屋から出てきた。

「よく寝られた？」と聞くと、珠希は「うーん、まあまあ」と答えた。

ふたりは、火のそばに座り、ぼんやりと山々を見ている。

オッキーが昨夜の余った食材を使って、手早くおじやを作ってくれた。

湯気があがるお椀を手にすると、懐かしいような香りがした。よく出汁が出ていて、食べると夜の間に少し冷えた体が中から温まる。

「むちゃくちゃ美味しいよ、ありがとう」とわたしはオッキーに言った。育ち盛りの珠希はおじやだけでは足りなかったようで、テーブルの上に転がっていたペヤングソース焼きそば大盛りを一瞬で平らげた。

ああ、そうだ。もうすっかり忘れかけていたが、この小屋を立てると決めたとき、わたしはこんなことを書いていた。

旅という断片的な風景ではなく、いつまでもぶれることのない原風景——体の中心にどんと据えられた柱のようなもの——が、まずは必要なんじゃないだろうか。ふと思い出すだけで濃い自然の香りとそよ風を感じて、気分が良くなるような心の風景。

ナナはこの四年間、めぐりゆく季節のなかで悠然と移りゆく山の景色を幾度となく見てきた。風が吹き、雨が降り注ぎ、花が咲いて散り、木々は色づき、また春がくる。それらは幼い記憶の中に大きく根を張るには、十分なようにも思えた。

ただ、その風景や自然よりも、実はもっと心動かされるものがあった。今、この瞬間にふたりの子どもが生み出す佇まいだ。何を話すわけでもなく、炎のそばに座っている。お互いに信頼して、そばにいる。それは、当たり前にも思えるけれど、ずっと見ていたいような佇まいだった。

オッキーが作るおじやの温かさ。火の番をするイオ君。すべてが折り重なって、わたしは、人と人が一緒にいることの尊さを思わずにいられなかった。

人生で出会える人は限られている。出会いはコントロールできず、偶然が司るいたずらの結果だ。出会ったなかで友人になれる人はさらに限られる。いくら気が合っても、人生のタイミングによっては時間をともにできるとは限らない。わたしがいて、誰かがいて、あなたがいる。同じときを共有する。それはいのちの交換ともいえる奇跡のようなことではないだろうか。

一〇時ごろには、建築家のタクちゃんと妻のコラちゃんがクルマでやってきた。去年カンクンで結婚したふたりは日本で一緒に暮らし始めたばかりだ。コラちゃんは、すらっとした背の高い女性で、「コラですー、よろしくおねがいします」と滑らかな日本語で言った。

「今日は〝まゆみカー〟で来ましたー」とタクちゃんが言う。運転席には、本当にまゆみさんが座っていた。

「あれ、まゆみさんは来られないって言わなかった？」とわたしは首をひねった。

「ちょっと時間ができたのでハンバーグ作って持ってきました。パンに挟んで食べるとハンバーガーになるし。でも今日は午後から用事があるんで一時間で帰ります」

「えー、またそのパターン？」

「本当に時間がなくって。でもハンバーグ食べて欲しいから」

「わざわざありがとう」

じゃあお昼はハンバーガーとホットサンドにしよう。それで午後からはぶどう狩りに行こう。そんなことをコーヒーを飲みながらしゃべっていると、ヒラク君が作業用のオレンジ色のツナギを着て「おはよー！」と元気に現れた。

「ヒラク君、おはよう。コーヒー飲む？」

昨日遅くまでお酒を飲んでいたにもかかわらずヒラク君は元気いっぱいで「ねえ、有緒さん。せっかくだからいまから整地しよう、整地、整地、整地！」と言い出した。

へ、なんだって？

「ほら、土地が斜めになっているところ。平らにしようって前に話してたじゃん、今日やっちゃおうよ」

……そういえば、ずっと前にそんな話をしたかもしれない。いつもテーブルを置いているあたりが微妙に傾斜になっていて、料理や食事のときにちょっと不便だった。とはいえ、いまからやるの？　しかも、人力で？

「うん、前にやった感じでいけるよ」

「ええと、でもスコップあったっけ？」

「あるよ、いっぱい」

「ええと、水平器あるかな」

「あるある！　前買ったやつ！」

四年前の秋、ヒラク君のコンテナを置く場所を作るため、人力で土地をならし、水平をとった。高い部分から低い部分にスコップで地道に土を移動させ、とにかく平らを目指していくという単調でキツい作業だった。

いろんなことが頭を駆け巡った。

またあれをやるのか？　ぶどう狩りはどうする？　そもそも今回は作業せずに遊ぶと決めてたし、みんなもそのつもりのはずだ。

にもかかわらず、気がつくと「……じゃ、やろうか」と答えていた。

朝の優雅なコーヒータイムは突如として強制終了！　テントをたたみ、テーブルや椅子をどけ、敷き詰めていた黒いビニール製の防草シートを剝がした。

「えーと、ここら辺の土をこっちのほうに持ってくるんだよね」

「そうそう！」

早送りのようなスピードで猛然と土を掘り始めたのは珠希だった。すぐに帰ると言っていたはずのまゆみさんも「楽しそう、やりたい！」とスコップを手にした。イオ君は穴を掘って、必要な土を掘り出している。誰かが疲れると次の人に交代。作業は休みなく続く。え、みんな、まさかこういうのがやりたかったの？　ああ、この土地に初めて入った日と同じだ。あのときも背丈ほどある雑草を薙ぎ倒したあとは、ひたすらスコップで土地を平らにしていた。

わたしは整地には参加しなかった。

「ここんところ仕事で疲れてるから見てるわ」とコラちゃんと下手なスペイン語でおしゃべりをしていた。傍らでナナは、「宿題やらなきゃ」とノートを広げ、日記を書いていた。何を書いているんだろう。

学校で字を習ったばかりで、ノートには不揃いな字が並んでいる。それでも、親たちがいつも文章を書いている姿を見ているからだろうか、何ページにもわたる長い文章をよく書くようになった。最初に書いたのは「ルビイが盗まれた村の話」だったけど、最近は身の回りに起こったことを丹念に記録している。

土地は少しずつ、着実に平らになっていった。

すごい、すごい。なせばなる。

この行き当たりばったり感たるや、すごいな。

世代を超え、職業を超え、人種も国籍も超えて集う小屋ピープル。お互いの人生に巻き込んで、巻き込まれて。六年前、小屋を作ろうと言ったのはわたしだったが、もはやわたしの意思なんか軽く超えていった。

これは、みんなの小屋だ。

思えば、早稲田でガタついた引き戸を開けたあの瞬間が、はじまりのはじまりだった。あれから、わたしはずいぶんと上手に工具が使えるようになったし、簡単な家具だったらさっと作れる。床も張れるし、漆喰だって塗れる。こういったことは、掃除とかの延長のように身近なものになった。

もし、この不器用で面倒くさがりのわたしが「小さな家」という暮らしの基盤を手作りすることができたなら、どこかに置き忘れてきた生活の知恵と技術を学ぶことができるかもしれない。完成の暁には、娘はやればなんでもできるという精神になってくれるかもしれない。それは、この困難な時代に、生きる力として彼女に寄り添ってくれる気がした。

こうしてあのとき書いたことを読むと、前半の自分に関する部分はまあまあ達成したと思うのだが、娘に関する「完成の暁～」以降の後半はどうだろう。実のところ、この小屋作りがナナの人生にどんな影響を与えるかは想像もつかない。特に「生きる力」云々は、三〇年後くらいにようやくわかるのかもしれないし、わからないかもしれない。親が子に与える影響は決して小さくないけれど、この先はどんどん小さくなっていくだろう。どちらにせよ時は巻き戻せないから、あとからこうしておけばよかったと思っても遅い。ナナはこの世界で出会うあらゆるものから影響を受け、生きていく、それだけだ。

今日という日を切り取れば、小屋は目の前にちゃんと立っている。それは、とても喜ばしく、揺るぎない事実である。とはいえ、いつまで小屋がここにあるのかはわからない。一週間後には台風でふっとばされていたりして（あっはっは）。いま一緒にいる人たちも、次はいつ会えるのかもわからない。それもまた揺るぎない事実である。

——未来は、不確実なものだから、わたしたちは不安と希望を同時に背負って生きている。

確かなことは、これまで、楽しい時間が積み重なってきたことだけだ。その記憶が、明日以降を生きるわたしたちの礎になる。「楽しい」というのは必ずしもお気楽で笑顔がいっぱいの状態ではない。悩んで、へとへとになって、自分のキャパを知り、失望する。それでも前に進む。自ら選んだ意味不明な行動と引き換えに得られるものは、自分の中に彼方まで広がる内なる自由だ。


ナナは日記を書き終えると、もっちゃんと小屋で遊び始めた。今日もふたりはなんらかの冒険物語を創作している。漏れ聞こえてくる断片によれば、それは魔法や悪者、姫による呪文や旅が渦巻くおとぎ話だった。わたしが小屋に入っていくと、「大人はあっちに行っててよ」と口々に抗議した。彼女たちはその秘密の物語が外に漏れることをとても嫌がる。

「いいじゃん、ちょっとくらい。ママだって小屋を作るの、頑張ったんだからさ」

すると、しぶしぶ「じゃあ、下の階ならいいけど。でもナナたちのこと、見たり聞いたりしないで」と言う。はいはい、わかった、聞かないよ。まったく、いったいどこの国のどんな話をしてるんだか。もう親には知られたくない秘密の王国があるなんて。

ねえ、ナナ。

わたしから見ると、あなたは毎日のように遠いどこかに出発しているように見えるよ。それは、わたしの知らないところ。海の向こう。どこまで行くんだろう。振り返っても、ひとかけらの陸地も見えなくなっちゃうほど遠くへ行っちゃうのかな。わたしたちが全速力で漕いでも、追いつけない舟に乗って。

ナナ、これから先の人生で、ナナが経験する喜びと苦しみは、わたしやイオ君が一緒に経験していけるものもたくさんあるとは思うんだけど、いずれはナナ自身が一人で抱えることが増えてくるはず。とても寂しいけど、そういうものだし、それでいい。そんなとき、やっぱり友だちとか仲間とか、頼れる人がいるといいよね。この先、ナナがすごく嬉しいときとか、反対にすごく困ったときに、一緒にいたい、なんにも話さなくていいからそばにいたいと思える人がいるといいなあ。それをいまは願ってる。

でも、どういう状況なのかはわからないけど、万が一、苦しいその日に誰もそばにいなかったら――。そんなときは、ちょっと目をつぶって深呼吸。そして、思い出してみて。

手作りのブランコが揺れるところ。ぐつぐつと煮えた出汁の利いたお鍋。丘をわたる心地よい風。小さな窓の向こうの山々。みんなが一緒にいる風景。火を囲んで、笑って、小屋で眠りについた日のこと。わたしとイオ君がいて、ナナを大切にしてくれる人たちがいる。

ねえ、どんな感じがした？　流れ続ける時間とか思い出は決して冷凍保存できないけれど、「確かにあったんだ」と信じていれば、この先いつまでも胸の中にあるんだよ。

大事にとっておこう。

わたしたちが見てきた、平凡で当たり前の風景を。

わたしもそうするから。
それでは、Bon Voyage!

謝辞　あとがきにかえて

今日まで小屋作りに携わってくれた全ての友人や家族に、大きな感謝の気持ちを伝えたいと思います。特にヒラク君と民ちゃん、もっちゃんは、出会ったその日から川内家の三人を温かく迎え、どうなるかわからない小屋作りを見守ってくれました。丹羽さんとタクちゃん、オッキーは小屋作りの最初から最後まで一緒に考え、アドバイスし、手を動かし、ときに投げ出しそうになるわたしを励ましてくれました。まゆみさん、スズキさん、ソネッチも何度も現場に来てくれて、様々な作業を手伝いつつ、一緒にお酒を飲んだり、楽しい時間を過ごしました。

その他、本文中に名前が出てきた友人たちはもとより、名前を記すことができなかった大勢の人たちが一緒に小屋時間を過ごしてくれたことも伝えたいと思います。小屋があるおかげで出会えた全ての人に、そして、わたしの思いつきで始まった小屋作りを楽しんでくれたイオ君とナナに、ありったけのありがとうを贈ります。

この小屋作りの記録は、スタジオジブリの『熱風』に不定期で連載していたものです。まだ小屋の影も形もないときに、連載しませんか、と声をかけてくれたのが、担当編集者の田居因さんでした。いつになったら小屋が出来上がるんだろうと思っていたに違いないのですが、急かすことなく、五年以上も連載を続けさせてくれました。田居さん、そして新潮社の島崎恵さん、堀口晴正さんが書籍の執筆に並走してくれたおかげで、ようやく一冊にまとめることができました。

これを書いている今も、小屋作りは続いています。小屋は書籍とは違って、これで完成というものはないのでしょう。ナナは八歳になり、この夏、初めて親元から離れて四泊五日のサマースクールに行きました。スクールに着くなり、「ママ、じゃあね、バイバイ！」と建物に入っていく、小さくも頼もしい背中を見送ったあと、わたしは出産以来初となる自由な一人旅に出かけました。イオ君も関西に取材に行ったので、五日間家族三人が全く別の場所を旅していたことになります。これから、そんなそれぞれの時間が増えていくのだろうけど、この記録が残ることで、いつでも小屋の日々を思い出すことができます。それだけでも書いてよかったなと思うのです。

二〇二三年夏　西荻窪の自宅にて

本書はスタジオジブリ発行の『熱風』２０１６年７月号〜２０２１年12月号までの不定期連載「丘の上に小屋を作る」に大幅に加筆修正をしたものです。

本書のご感想をぜひお寄せください

著者プロフィール

川内有緒（かわうち・ありお）

ノンフィクション作家。1972年東京都生まれ。映画監督を目指して日本大学芸術学部へ進学したものの、あっさりとその道を断念。行き当たりばったりに渡米したあと、中南米のカルチャーに魅せられ、米国ジョージタウン大学大学院で中南米地域研究学修士号を取得。米国企業、日本のシンクタンク、仏のユネスコ本部などに勤務し、国際協力分野で12年間働く。2010年以降は東京を拠点に評伝、旅行記、エッセイなどの執筆を行う。『バウルを探して　地球の片隅に伝わる秘密の歌』（幻冬舎）で新田次郎文学賞、『空をゆく巨人』（集英社）で開高健ノンフィクション賞、『目の見えない白鳥さんとアートを見にいく』（集英社インターナショナル）でYahoo!ニュース|本屋大賞 ノンフィクション本大賞を受賞。その他の著書に『パリでメシを食う。』『パリの国連で夢を食う。』（以上幻冬舎文庫）、『晴れたら空に骨まいて』（講談社文庫）、『バウルを探して〈完全版〉』（三輪舎）など。ドキュメンタリー映画『目の見えない白鳥さん、アートを見にいく』共同監督も務める。

自由の丘に、小屋をつくる

発　行　2023年10月20日

著　者　川内有緒

発行者　佐藤隆信
発行所　株式会社新潮社
〒162-8711　東京都新宿区矢来町71
電話　編集部　03-3266-5611
　　　読者係　03-3266-5111
https://www.shinchosha.co.jp

装　幀　新潮社装幀室
組　版　新潮社デジタル編集支援室
印刷所　株式会社光邦
製本所　大口製本印刷株式会社

ISBN978-4-10-355251-2 C0095